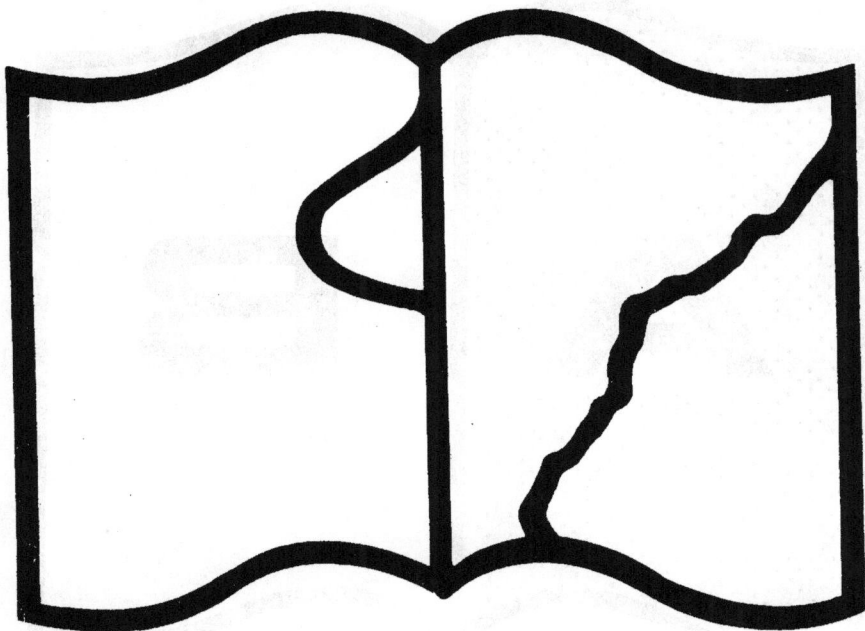

Texte détérioré — reliure défectueuse

NF Z 43-120-11

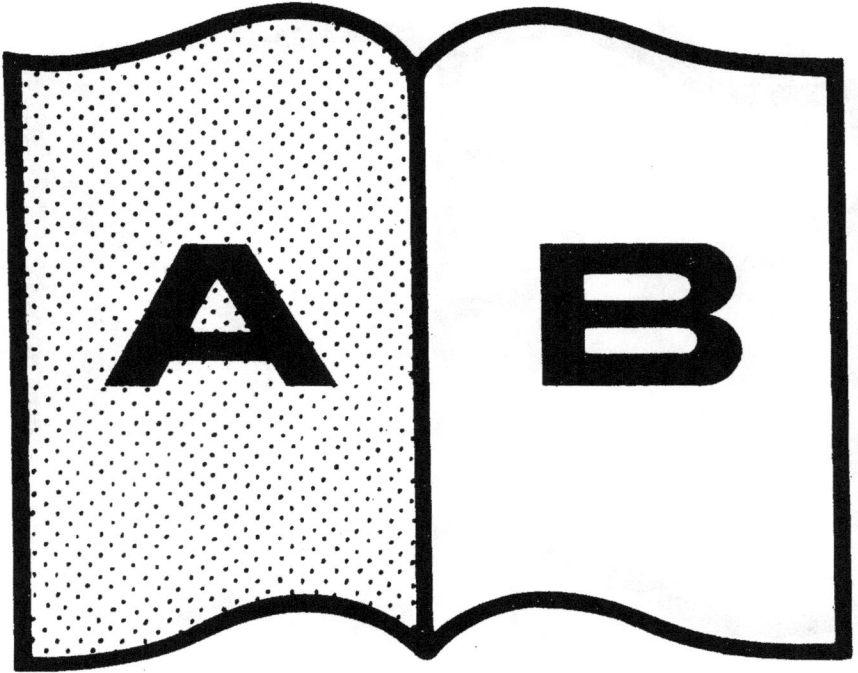

Contraste insuffisant

NF Z 43-120-14

Le Courage civique

CHEZ LES

Enfants de France

CAPITAINE RICHARD

DU 29ᵉ BATAILLON DE CHASSEURS A PIED

Le
Courage civique
CHEZ LES
Enfants de France

DESSINS DE E. BOUARD

Ils sont jeunes, il est vrai, mais aux âmes bien nées
La valeur n'attend pas le nombre des années.

PARIS
ANCIENNE LIBRAIRIE FURNE
COMBET ET Cⁱᵉ, ÉDITEURS
5, rue Palatine (VIᵉ)

A MON FILS, MARCEL RICHARD

Le Courage civique

CHEZ LES

Enfants de France

CHAPITRE PREMIER

Ce n'est pas seulement le courage militaire qui est inné chez les petits Français, mais bien aussi le courage civique, cette noble et sublime vertu que les Romains honoraient d'une façon toute particulière. La couronne civique, formée d'une guirlande de feuilles de chêne avec les glands, était, en effet, la récompense du citoyen romain, qui, dans une bataille, avait sauvé la vie à un autre soldat et tué son adversaire.

Il ne s'agit plus ici de s'en aller, grisé par l'odeur de la poudre, emballé par les accords guerriers des tambours et des clairons battant et sonnant la charge, cueillir les lauriers de la victoire et moissonner la gloire des combats! Non, c'est le plus souvent dans l'ombre, dans le silence, en n'obéissant qu'aux seuls mouvements d'un cœur généreux, compatissant et courageux, c'est souvent sans témoins, que les dévouements à l'humanité s'accomplissent au prix même des plus grands dangers.

En sortant de l'école, un soir d'automne, un jeune
garçon de treize ans, regagne en flânant la maisonnette de son vieux père, pauvre gardien de l'écluse
du canal, qui se trouve là-bas, à deux kilomètres du
village.

Tous les jours, à la tombée de la nuit, il fait ce chemin solitaire, sifflant aux oiseaux qui chantent dans
les arbres. Son gros sac de cuir lui bat aux reins,
chargé de livres et de cahiers. La besogne de l'esprit
est terminée pour la journée, il est temps de rentrer
au logis. De loin il aperçoit déjà le toit de la modeste
demeure au milieu de la verdure des grands peupliers
qui bordent le canal. De l'unique cheminée en briques
rouges, s'échappe en volutes blanches la fumée qui se
perd dans l'air calme. C'est l'âtre qui flambe, la mère
y apprête le frugal repas du soir pour l'enfant qui va
rentrer de la classe et pour le père, fatigué d'avoir,
tout le long du jour, manœuvré les lourdes portes de
l'écluse qui donne passage aux bateaux.

Le long du chemin de halage, l'enfant chemine gaie-
ment, les mains dans les poches, où ses doigts se jouent
à travers des billes, heureux butin des jeux pendant les
moments de la récréation à l'école.

Tout à coup, un cri strident se fait entendre, appel
de détresse déchirant le silence de la nuit qui commence
à tomber sur les bords du canal. L'enfant s'arrête
brusquement, cloué d'abord sur place, non par la peur
qu'il ne connaît pas d'habitude, mais par la vague
appréhension d'un malheur. De l'autre côté du canal,
à une trentaine de pas de lui, l'eau s'agite et bouillonne

sous les efforts désespérés d'un être humain qui s'y
débat. L'enfant a tout vu, en un éclair de raison il a
compris, et court à perdre haleine. Le cri désespéré
vient d'un homme, et cet homme est en danger de
mort. Sans calculer ni la profondeur de l'eau, ni sa
température déjà glaciale à cette époque de l'année,

L'ENFANT COURT A PERDRE HALEINE.

vite, casquette et sac de livres à terre, sabots lestement
déchaussés, il saute à l'eau sans hésiter et nage vers le
noyé. En quelques brasses, il arrive sur le malheureux
qui, à demi asphyxié déjà, est sur le point de couler
au fond du canal. Il le saisit par les cheveux, et, avec
des efforts inouïs, soutenant d'un bras son précieux
fardeau, nageant de l'autre avec une énergie virile,

atterrit enfin un peu plus loin, à un endroit où la berge
est plus basse et un peu moins escarpée. Il retire de
l'eau le pauvre homme qu'il vient de sauver, il le hisse
avec les plus grandes peines, pas bien haut sur la berge,
car il est épuisé. Rassemblant ensuite ses forces, il
court à toutes jambes vers la maison paternelle, pour
chercher du secours. Le malheureux cheminot, accidentellement tombé au canal a été sauvé, des soins
énergiques l'ont rappelé à la vie.

Mais le jeune héros a failli payer cher son acte de
courage et de dévouement. L'eau était froide, disions-
nous, une fluxion de poitrine s'étant déclarée à la
suite de cette baignade glaciale le mit aux portes du
tombeau.

Quoi de plus sublime que ce sauvetage accompli par
un garçon de treize ans, à la tombée de la nuit, sans
témoins? Quelques instants auparavant, l'enfant riait,
gambadait et chantait en rentrant au logis. En une
seconde, un cri de détresse l'a transformé! Ce n'est
plus un enfant, c'est un homme, plus qu'un homme,
un sauveteur! La vie d'un autre est en danger, et, froidement, sans hésitation, il a fait instantanément le sacrifice de son existence pour essayer de sauver celle de son
semblable.

Qu'y a-t-il donc dans le cœur de l'homme qui puisse
le transfigurer ainsi, l'élever subitement au-dessus de
ses semblables, et en faire un être supérieur. Quel
exemple d'amour, plus pur et plus sublime, existe-t-il
au monde, que celui de cet être humain, au corps
encore frêle et chétif, faisant le sacrifice de sa vie par

amour de son prochain. Et cela, sans espoir de lucre, ni d'autre récompense que l'estime, la considération de ses concitoyens, et la satisfaction du devoir noblement accompli.

Quelle est la plus belle et la plus sublime des morts? La mort de celui qui se fait tuer pour défendre sa patrie, ou celle de celui qui disparaît obscurément victime de son dévouement à ses semblables. Il serait difficile de résoudre ce problème, car le dévouement à la patrie et le dévouement à ses semblables sont intimement liés l'un à l'autre. Ce sont des vertus primordiales du cœur humain : vouloir les comparer serait vouloir séparer le faisceau compact et amoindrir la valeur de ces vertus admirables qui remplissent le cœur de l'homme de bien.

Il est une vérité incontestable et incontestée, c'est que le courage civique et le courage militaire marchent de pair. Un homme qui sait se dévouer pour ses semblables ne peut manquer d'être un loyal et brave soldat toujours prêt à payer généreusement l'impôt sacré du sang. En voulez-vous un exemple entre mille?

A l'âge de quinze ans, Robert-Auguste-Emmanuel, Surcouf, petit-neveu du célèbre corsaire malouin dont le nom fut, il y a un siècle, craint et respecté de nos ennemis les Anglais, accomplissait, à Rennes, son premier acte de courage et de dévouement. Bon sang ne pouvait mentir.

Au mois de juillet 1863, âgé de dix-huit ans, il portait encore secours au péril de sa vie, à un jeune homme en danger de se noyer dans la rade de Brest. A vingt ans,

au mois d'août 1865, étant à Saint-Brieuc, il exposait
de nouveau ses jours en arrêtant un cheval emporté,
attelé à une voiture dans laquelle se trouvait une vieille
femme infirme.

Cet homme qui, pendant toute sa jeunesse, avait
donné des preuves si éclatantes de la noblesse de ses
sentiments et de l'ardeur de son dévouement à ses
semblables, devait être un héros en face de l'ennemi.
Aussi, lorsqu'après la nouvelle de nos premiers revers
pendant la guerre de 1870, la France eut appelé tous
ses enfants à la défense de son territoire envahi, trou-
vâmes-nous Robert Surcouf pendant le siège de Paris
où il servait en qualité d'officier de mobiles, se distin-
guant hautement par son courage à l'affaire du Raincy.
On le vit, entraînant ses moblots par son exemple,
s'avancer seul au-devant des Prussiens, malgré une pluie
de fer et de plomb.

Dans le courage civique comme dans le courage militaire, nos jeunes enfants peuvent trouver des exemples
nombreux, dignes de fixer leur attention et d'exciter
leur envie. Qu'il nous soit permis de les leur rappeler,
en même temps que les vertus qui les ont fait naître, où
plutôt qui les ont réveillés dans le cœur de nos petits
citoyens français.

D'ailleurs, la France, notre chère Patrie, a lieu de
se montrer fière de l'histoire de ses enfants sauveteurs.
Chez nul autre peuple, en effet, le culte des dévouements
à l'humanité ne se déploie et ne s'observe avec une aussi
grande richesse de moyens, avec une telle spontanéité
dans la conception et une si remarquable bravoure,

que chez les petits Français et les petites Françaises de France!

L'histoire leur doit un monument, décoré d'une fière et noble devise : *Aux Jeunes Sauveteurs, la Patrie reconnaissante!*

Qu'il nous soit donc permis d'apporter notre modeste pierre à l'édifice qu'on doit élever en leur honneur, en exposant dans ce petit livre, toute la noblesse des sentiments, toute la bonté et la charité, tout le courage et le dévouement qui, partout et toujours bouillonnent sans cesse dans l'âme de nos enfants!

CHAPITRE II

LES VERTUS NATIVES DE L'ENFANCE. — UN HONNÈTE PETIT GARÇON. — L'ÉDUCATION CIVIQUE DES JEUNES NOBLES AU MOYEN AGE. — UN MOT DE BAYARD.

Dès que l'enfant parle et comprend, dès le moment même où il entre dans le commerce de la société, il possède déjà dans son jeune cœur le germe de la vertu. C'est un lis blanc dont la couleur est pure, et qu'il faut conserver dans toute sa fraîcheur.

Et, de même que les maculatures ne viennent qu'avec le temps souiller les neigeuses pétales de la fleur, de même le vice ne s'empare du cœur de l'enfant que lorsqu'avec l'âge, il s'est trouvé à même de subir de mauvais exemples, ou qu'il a ressenti de fâcheuses impressions provenant du milieu plus ou moins pervers dans lequel se sont écoulées ses premières années.

Les enfants sont entre les mains de leurs parents, de leurs maîtres et de ceux qui les entourent habituellement, comme la cire à modeler est entre les mains du statuaire, il la façonne comme il le désire suivant son inspiration, son génie et ses talents. Un poète latin nous a dit dans un langage imagé, « qu'un vase neuf conservait longtemps l'odeur de la première liqueur qu'on y avait versée ».

On peut en dire autant du cœur des enfants. C'est un vase neuf et pur de toute souillure. Versez-y les bonnes paroles, les bons conseils, les bons exemples, et vous verrez ce jeune cœur contracter pour longtemps, pour toujours, de louables habitudes et se remplir de généreux sentiments. De cela vous serez les premiers à vous réjouir, les fruits répondront à la bonne semence.

Chez certains enfants les vertus se manifestent quelquefois un peu tardivement, quoiqu'elles existent cependant à l'état latent. C'est aux parents, c'est aux maîtres, d'en stimuler l'épanouissement par des préceptes moraux, et par le récit de bons exemples fournis par les enfants eux-mêmes. L'émulation, quand il s'agit de choses du cœur, est encore un des meilleurs maîtres pour eux.

Que de regrets ne doit pas éprouver un père lorsqu'il s'aperçoit que son enfant devenu grand, livré à lui-même, a contracté de mauvais instincts qui se sont développés grâce à l'abandon moral dans lequel il a pu le laisser !

Mais, à quelle pure joie n'a-t-il pas droit aussi, lorsqu'il récolte ce qu'il a semé et qu'ayant rempli tous ses devoirs moraux, il a obtenu la certitude qu'il va lancer dans les durs combats de la vie, une âme adolescente, forte, loyale et honnête, prête à tous les devoirs, à tous les dévouements, à tous les sacrifices.

Au moyen âge, le développement de toutes ces qualités naturelles de l'enfance, était l'objet de soins constants ; l'éducation du cœur, chez le jeune chevalier, était poussée à ses extrêmes limites. Comment pouvait-il en être autrement, pour ces enfants destinés à devenir les défenseurs

de la veuve et de l'orphelin, chez lesquels, par vocation
paternelle, la pitié et la bonté ne devaient le céder en
rien à la charité et au dévouement envers ses semblables,
sous peine de manquer gravement à l'honneur, et d'être
taxé de félonie et de méchanceté.

Le chevalier félon et méchant était tout d'abord un
traître à l'humanité.

Si nous en croyons M. Léon Gautier, le remarquable
et savant auteur de *la Chevalerie* : « L'enseignement
moral tombait aussi des lèvres de tous ceux qui entouraient le jeune baron, et il se confondait avec l'enseignement de la politesse, du maintien et des bonnes
manières. »

Dans quelques pages touchantes de grâce, il rapporte, d'après les écrits des vieux chroniqueurs, des
ménestrels et des troubadours, les hautes leçons de
morale, données à un jeune noble, par les deux voix
alternées de son père et de sa mère. Il faut les lire,
ces pages dans lesquelles « on croirait volontiers entendre
les deux demi-chœurs de la tragédie grecque ».

L'enfant reçoit d'abord une leçon d'humilité, à laquelle
il répond simplement à ses parents qui lui exposent leur
pauvreté et le délabrement de leurs biens :

— Surtout, dit la digne mère, soyez humble. Car
l'homme orgueilleux « pert en jort (jour) par sa large
folie, quant qu'il conquiert en set (sept) ans. »

— Soyez large, donnez, puis donnez encore, donnez
toujours. Ce n'est pas assez, ne l'oubliez pas, d'être
aumônier aux pauvres, aux veuves et orphelins : il faut
aller plus loin, et comprendre toute la force de ce

superbe mot : largesses. Les vilains disent en leurs pro-
verbes, qu'il y a tout intérêt à être libéral ; « ne fus pas
fols, ait qui dona premiers ».

— Quand vous êtes en chemin, saluez toutes gens. En
vos paroles, comme en vos actes, soyez toujours courtois : cela coûte si peu. Surtout ne raillez pas les pauvres,
et portez honneur aux petits comme aux grands.

Après une série de conseils spéciaux relatifs à l'accomplissement des devoirs des vrais chevaliers, le père
termine la longue leçon en citant à son fils comme
exemple, le portrait « de ce cousin Girart de Roussillon
qui s'appelait Fouque, et dont un jongleur nous chantait
l'éloge dimanche dernier, avant tierce :

« Fouque est preux, courtois, franc, bon, habile par-
leur. Il connaît la chasse au bois et au marais : il sait
les échecs, les tables, les dés. Jamais sa bourse n'a été
fermée à personne : il donne à qui lui demande. Bons
ou mauvais, tous y ont part, et jamais il ne fut lent
à faire largesse. Il est plein de piété envers Dieu, car,
depuis qu'il est au monde, il n'a jamais été dans une
cour où l'on ait accompli ou proposé une seule injustice
sans en avoir été profondément affligé, s'il ne pouvait
l'empêcher. Jamais il n'a été renvoyé d'un jugement sans
s'être battu en champ clos. Il déteste la guerre et aime
la paix ; mais quand il a le heaume lacé, l'écu au col,
l'épée au côté, alors il est fier, furieux, emporté, superbe,
sans merci, sans pitié, et c'est quand la foule des hommes
armés le presse, c'est alors qu'il se montre le plus
solide et le plus vaillant. On ne lui ferait pas perdre un
pied de terrain, et il n'y a homme au monde qui osât lui

tenir tête. Il a toujours aimé les vaillants chevaliers, et honoré les pauvres comme les riches. Et tous, puissants et riches, trouvent en lui leur appui. »

— Fai que dois, aveigne que puet. Le reste importe peu, conclut la mère.

Ainsi donc, pour les vrais chevaliers du moyen âge, la culture des qualités du cœur marchait de pair avec celle des qualités du corps. La force brutale chez eux n'excluait pas la bonté, la richesse appelait la charité, les notions de droit et de justice commandaient tous les dévouements.

Cet ensemble des qualités requises d'un loyal guerrier et d'un bon citoyen était résumé dans les dix grands commandements de la chevalerie, dont voici les principaux.

Tu auras le respect de toutes les faiblesses et t'en constitueras le défenseur ;

Tu aimeras le pays où tu es né ;

Tu ne reculeras pas devant l'ennemi ;

Tu ne mentiras point, et seras fidèle à la parole donnée ;

Tu seras libéral et feras largesses à tous ;

Tu seras partout et toujours, le champion du droit et du bien, contre l'injustice et le mal.

Le loyal Bayard, le chevalier sans peur et sans reproche, répondit un jour à un gentilhomme qui lui demandait quel était l'héritage qu'un noble devait laisser à ses enfants :

— Ce qui ne craint ni le temps ni la puissance humaine : la sagesse et la vertu.

Et, de fait, nul héritage plus noble, plus fructueux ne

peut être laissé à des enfants. Tous les maîtres, tous les parents, devraient s'inspirer des belles paroles du héros français.

Ce sont certainement les bons exemples et les sages leçons de ses parents qui ont guidé le jeune enfant dont je vais vous raconter l'acte de probité suivant :

LE BAMBIN TROUVE SUR LE TROTTOIR TROIS BILLETS DE MILLE FRANCS.

Un gentil petit garçon de onze ans, Jules Pion, habitant chez ses braves parents, 21, rue Boucry, avait été envoyé en course dans le voisinage.

En face du n° 9 de la même rue, le bambin, tout ébahi, trouva sur le trottoir trois beaux billets de mille francs, toute une fortune. Au lieu de les apporter à ses parents, en rentrant de sa course, pensant au chagrin de la personne qui avait pu les perdre, le brave et honnête enfant retourna immédiatement sur ses pas pour rechercher cette personne qu'il eut le plaisir de retrouver quelques maisons plus loin. Cette somme importante appartenait à une marchande de charbons que cette perte eût mis dans un cruel embarras. Et sans écouter les remerciements et les éloges qu'on lui adressait, il se sauva en courant chez ses parents.

Nous nous proposons, dans ce petit livre, qui traite du courage civique chez les enfants de France, de prouver par de nombreux et touchants exemples, combien sont vives les vertus natives qui engendrent le courage et le dévouement civiques. Elles sont nombreuses, complexes, et surprennent par leur variété même, les esprits les plus réfléchis. Cependant trois d'entre elles sont pour ainsi dire primordiales : la bonté, qui engendre la charité, le respect de l'autorité paternelle qui constitue l'amour de la famille, une des plus grandes garanties du respect de la société et des lois qui la régissent, enfin, l'amour du prochain qui commande le dévouement pour ses semblables.

Nous allons étudier ensemble ces grandes vertus, en appuyant chacune d'elles de nombreux exemples authentiques. Vous verrez, enfants, que personne n'est plus charitable et bienfaisant que vous, vous admirerez comme nous et avec nous, ces exemples de froid courage, et vous serez émus par les récits que nous vous ferons de la piété filiale chez quelques enfants de votre âge. Si je pouvais exciter votre admiration et stimuler votre envie, j'en éprouverais la plus douce des satisfactions qu'il soit donné à un homme de sentir : être écouté et compris dans le bien par des enfants !

CHAPITRE III

Faire le bien pour le bien est un devoir sacré que tout
homme doit s'imposer, sans autre récompense que la
satisfaction qu'il en éprouvera, d'avoir accompli simplement une obligation morale. En faisant le bien il ne fait
que rendre souvent ce qu'il a reçu des autres. Il faut aussi
en le faisant, que la main gauche ignore ce que la main
droite a donné. La bienfaisance pour être pure, doit-être
discrète. Ne comptez pas, ne promettez pas, donnez, di-
sait-on autrefois au jeune noble.

Chez l'enfant, la bonté n'a pas de bornes, car il
donne sans compter, sans hésiter, par un mouvement
propre d'un cœur neuf. Non content de sacrifier ce qu'il
possède, il désire souvent posséder encore plus, pour pouvoir encore plus donner. J'ai entendu, à ce sujet, citer,
il y a quelques années, un touchant exemple de charité
enfantine d'une personne qui est maintenant une bonne
et digne maman, et je lui demande pardon de la petite
indiscrétion que je vais commettre.

Habitant une des petites localités de notre chère Lor-
raine, à quelques pas de la frontière annexée, elle allait
chaque matin à l'école qui réunissait, dans une humble
maison, les enfants du petit village d'Emberménil. Sur
son chemin elle s'arrêtait souvent devant l'étalage d'une
épicerie, fruiterie, mercerie, et aussi un peu librairie,
l'unique boutique du village, et elle contemplait les
cahiers, les livres, les boîtes de couleurs, les construc-
tions enluminées et les criardes images d'Épinal, qui,
au milieu des bocaux de pralines et de pastilles multi-
colores, ornaient l'étalage de la marchande.

Or, un des cahiers en montre, recouvert de lustrine
bleue et orné de fioritures rehaussées d'or, attirait principalement les regards et excitait l'envie de notre jeune
héroïne. Cela devait, assurément, coûter fort cher, et
d'ailleurs, qu'écrirait-elle sur ce beau cahier, elle qui
commençait à peine à composer ses premières phrases. —
Cependant, l'envie de voir de près l'objet de ses rêves,
de le tenir peut-être entre ses mains, la fit entrer un jour
dans la boutique de notre épicière.

Combien le beau cahier bleu, demanda-t-elle, timi-
dement? — Vingt-huit sous, mademoiselle, il est fort
beau, tenez, voyez-le. Il faut dire à votre maman de vous
l'acheter. La fillette faillit le laisser tomber d'entre ses
mains, tant elle tremblait d'émotion en entendant ce prix
exorbitant! Elle rendit aussitôt l'objet à la marchande
en lui disant toute confuse : — Je reviendrai le chercher
plus tard.

Vingt-huit sous! C'était une somme! et, pour la cons-
tituer, il fallait péniblement amasser les quelques dé-

cimes que ses parents lui donnaient chaque semaine pour acheter une friandise dominicale.

Cependant elle commença le dimanche suivant à thésauriser l'argent de ses menus plaisirs. A quelque temps de là, surprise par sa maman en flagrant délit de parcimonie, elle fut obligée de lui confesser la cause de son

avarice, et de lui exposer l'objet de son envie. Comme elle était bonne

VINGT-HUIT SOUS, MADEMOISELLE.

écolière, elle eut le bonheur de voir sa mère parfaire aussitôt la somme nécessaire à l'achat du fameux cahier.

Elle courait donc à perdre haleine chez l'épicière, lorsque, sur son chemin, elle rencontra, ce jour-là, un pauvre vieux, tout déguenillé, grelottant de froid, se traînant péniblement à l'aide de deux bâtons. Le pauvre cheminot avait eu les pieds gelés l'hiver précédent. D'une voix chevrotante, il murmurait tout bas! — La charité s'il vous plaît, mademoiselle, j'ai faim!

Notre héroïne n'avait sur elle que juste la somme nécessaire à l'achat du cahier désiré. Or en en distrayant quelques sous par charité, adieu belle couverture bleue; adieu fioritures, rechampies d'or. Il faudrait en remettre l'achat à plus tard, et par un pieux mensonge peut-être, raconter à sa mère la perte de quelques centimes qu'elle aurait donnés en aumône? Mais la voix du misérable affaiblie par les privations répétait encore: — J'ai froid, et je n'ai rien mangé depuis hier.

Tant pis pour le cahier, se dit aussitôt la petite, et, dans les mains tremblantes du vieux mendiant, elle déposa ses vingt-huit sous et s'enfuit du côté de la maison, poursuivie par les bénédictions du pauvre homme.

En la voyant revenir aussitôt au logis, et sans son cahier tant désiré, la mère interrogea son enfant, et, ayant appris avec la plus douce émotion le récit de sa généreuse action, elle la serra tendrement sur son cœur. La prenant aussitôt par la main, elle la conduisit elle-même chez la marchande où la brave fillette eut le bonheur de voir sa mère lui acheter son beau cahier à couverture bleue, rehaussée de dorures.

Cette simple et touchante histoire nous en remet en mémoire une autre, dont le héros était un peu plus âgé que notre petite écolière du village d'Embermênil. Cette histoire nous l'avons souvent entendue raconter dans notre jeunesse, elle était alors pour ainsi dire classique.

Un jeune élève de rhétorique de l'ancien collège d'Harcourt à Paris rencontra, un jour, sur le boulevard, un ancien domestique, qui avait été au service de ses parents, et qui se trouvait alors réduit à la plus affreuse des misères. Après l'avoir interrogé avec une grande discrétion, le jeune homme lui fit l'aumône. Il sut encore lui trouver un gîte, et le nourrit même tous les jours pendant quelques temps avec la portion de pain destinée à son déjeuner et à son goûter quotidiens. Et, comme cette nourriture ne suffisait pas au malheureux, toutes les semaines, il lui remettait aussi les menues sommes que ses parents lui donnaient pour ses plaisirs.

Avec ces modiques ressources, il trouva même le moyen de lui acheter des effets qui lui permirent, plus décemment vêtu, d'aller solliciter un emploi pour vivre.

Il faisait tout cela fort discrètement, se cachant de tous les siens bien plus que s'il eût commit une mauvaise action, car il craignait, en effet, qu'on ne l'empêchât de continuer à faire le bien comme il l'entendait, à cause des privations qu'il était obligé de s'imposer pour atteindre son but. D'ailleurs, la vraie charité aime à être exercée dans l'ombre et le mystère, car la recherche de la popularité et du grand jour détruisent le beau côté de cette généreuse action.

A force de recherches et d'intrigues, notre jeune rhétoricien eut le bonheur de trouver pour son malheureux protégé une place dans une famille amie qui lui garda longtemps le secret. La généreuse et charitable action du jeune homme ne fut découverte par ses parents que beaucoup plus tard, par une indiscrétion du domestique reconnaissant.

L'idée de faire le bien et d'exciter la charité de tous au profit des malheureux et des deshérités de la vie hante souvent l'esprit des enfants, mais les moyens de mettre à exécution cette généreuse idée, leur fait le plus souvent défaut.

Il n'y a rien au monde qui vous étreigne plus le cœur, que de voir des enfants en haillons, aller et venir dans les rues, nu-pieds, à peine vêtus, par les températures les plus rigoureuses. Par une froide et pluvieuse journée d'hiver, voyez ce beau garçon qui gambade dans la rue, les pieds chaussés de solides brodequins, le corps recouvert de vêtements chauds et épais, la tête abritée par un béret de laine et les mains recouvertes de gros gants tricotés. Il passe joyeusement, se jouant du froid qu'il ne sent pas.

Il croise sur son chemin un petit malheureux de son âge, les pieds nus dans ses souliers troués, ramassés sur un tas d'immondices, les vêtements déchirés et d'un tissu si léger, que le vent le traverse sans peine, il grelotte le pauvre enfant, en demandant l'aumône par les rues. Le contraste est frappant! Tous deux sont du même âge, tous deux sont au seuil de la vie, l'un est heureux, l'autre est pauvre, d'une misère poignante. L'émotion vous étreint et vous vous demandez : — Pourquoi ces deux êtres qui n'ont encore par eux-mêmes aucun moyen d'existence sont-ils de condition si différente? Ce sont là des problèmes sociaux qui ne trouvent leur solution et leur dévouement que dans cette sublime vertu chrétienne : la charité!

Il y a quelques années, un jeune Américain d'une douzaine d'années, nommé Tella d'Apery eut l'idée toute *yankee* de fonder un journal : *The Sunny Hour*, « l'heure brillante comme le soleil », dont les recettes devaient servir à alimenter une œuvre philantropique admirable, l'œuvre des « Petits pieds nus ». Son but était de pourvoir les enfants pauvres de vêtements.

Cette idée charitable, émise par un enfant, excita un vif mouvement de sympathie pour les petits deshérités, et les concours les plus bienveillants et les plus généreux lui furent bien vite acquis. L'Œuvre des « Petits pieds nus » est aujourd'hui très prospère en Amérique, si prospère que son créateur a voulu étendre son influence charitable jusqu'en Europe. Tout dernièrement il a été assez heureux pour pouvoir créer une succursale de son œuvre à Bruxelles.

Le jeune Tella d'Apery peut être placé au nombre des bienfaiteurs de l'humanité.

La charité était une des premières vertus que l'on enseignait à nos jeunes rois de France. Le duc de Bourgogne, petit-fils de Louis XIV, fut renommé par son inépuisable charité. Le précepteur du Dauphin, le célèbre Bossuet, l'avait d'ailleurs sagement accoutumé à ne faire l'aumône qu'avec ses propres moyens et à ses dépens. Or, comme tous les jeunes enfants, le Dauphin, petit-fils du grand Roi, avait souvent des envies. Depuis longtemps déjà, il thésaurisait pour acheter tout un petit matériel d'artillerie qui, comme tous les rares jouets de cette époque, avait l'inconvénient de coûter très cher. Enfin, il avait réussi à amasser la somme

nécessaire à l'acquisition projetée, et s'apprêtait à y
consacrer le fruit de ses économies, lorsqu'il entendit un
jour son gouverneur parler devant lui de la situation
précaire dans laquelle se trouvait un brave officier
réduit à la misère la plus noire, par une réforme im-
prévue qui l'avait privé de son emploi.

Ce loyal soldat en était arrivé à coucher sur une
paillasse dans un affreux galetas, et n'avait plus comme
vêtements que le seul habit qu'il portait. Emu de pitié au
récit de cette grande infortune, le Dauphin s'écria tout
à coup d'un ton décidé : — Allons! plus d'artillerie !
Et faisant immédiatement le sacrifice de son envie longuement caressée, il envoya au malheureux officier
terrassé par l'adversité, les deux mille quatre cent livres
qu'il destinait à l'acquisition de son jouet tant désiré,
en lui faisant, en outre, porter à son domicile, deux
malles remplies de linge et d'effets de drap.

Stanislas, roi de Pologne, qui mérita par sa bonté le
glorieux titre de Bienfaisant, manifesta, dès l'enfance, un
grand amour de la charité! A l'âge de huit ans, il se
signala par l'acte touchant que nous allons raconter.

Ayant appris qu'un des domestiques de son père, qui
avait commis un léger larcin, avait été conduit en prison où on ne le nourrissait qu'au pain et à l'eau, il
essaya tout d'abord de soudoyer les gardiens, pour lui
procurer quelques aliments plus substantiels. Les gardiens s'étant montrés inflexibles, le jeune prince s'en-
quit de l'endroit où était enfermé le domestique coupable, examina la fenêtre par laquelle le malheureux
prisonnier recevait l'air et le jour, et conçut aussitôt le

IL ORDONNA A SON DOMESTIQUE DE L'ÉLEVER SUR SES ÉPAULES

projet de lui faire parvenir quand même les provisions
qu'il lui destinait. Le soir, à la nuit tombante, accom-
pagné d'un vieux serviteur dévoué qu'il avait mis dans
la confidence, il se rendit sous la fenêtre du prisonnier,
et, au moyen d'une perche, essaya de lui passer des
vivres. Mais la perche était trop courte, que faire ? Le
vieux serviteur désolé propose aussitôt de s'en retourner
au palais, mais le jeune prince ne l'entend pas ainsi, il
est venu pour faire du bien à un malheureux, il faut
qu'il réussisse. Il ordonne alors à son domestique de
l'élever sur ses épaules, et, ainsi grandi, il a le bonheur
d'atteindre à la fenêtre et de faire passer ses provisions au
pauvre prisonnier dont il sut bientôt obtenir la grâce de
son père.

Que de nobles exemples de charité, n'aurait-on pas à
raconter, à tous les degrés de l'échelle sociale ?

Au mois de janvier 1806, les élèves du lycée d'Or-
léans ayant pu, au cours d'une de leurs promenades, se
rendre compte de l'état de dénuement dans lequel se
trouvaient de malheureux prisonniers autrichiens
casernés dans leur ville, résolurent de s'entendre pour
soulager leur infortune. C'étaient des vaincus d'Ulm, de
Wertingen, d'Austerlitz, ramassés pendant la bataille,
par les vaillants soldats de la Grande Armée de Napoléon. Après avoir immédiatement versé entre leurs
mains tout ce que contenaient leurs bourses, ils déci-
dèrent de se priver pendant toute une semaine entière
d'une partie de leurs repas pour améliorer le sort des
prisonniers. Le Proviseur du lycée, en ayant été informé,
refusa de ratifier leur décision, mais, pour leur per-

mettre de donner suite à leur généreux mouvement,
consentit, cependant, à retenir le montant total de leurs
semaines pour plusieurs jours de congé, afin de le dis-
tribuer entre tous les pauvres soldats autrichiens.

Les annales de la Révolution française nous ont conservé le nom et le souvenir de l'acte d'humanité et de
dévouement charitable du jeune Alary, pendant une
expédition en Irlande en l'an V de la République, par
le corps d'armée du général Humbert.

Alary avait alors seize ans, et était embarqué sur le
vaisseau du capitaine Lacrosse qui allait porter secours
aux Irlandais révoltés contre l'Angleterre. Séparé de
l'escadre par une tempête, il soutint, avec ses compagnons, un combat terrible contre trois bâtiments anglais.
Enfin le vaisseau français, à moitié désemparé, pouvant
à peine manœuvrer, après avoir échappé à l'ennemi, vint
échouer sur un petit îlot désert, très éloigné des côtes
d'Irlande. Les treize cents hommes qui étaient à bord,
se réfugièrent à la hâte sur l'îlot, tandis que la mer
démolissait sous leurs yeux, leur superbe vaisseau et
engloutissait toutes leurs ressources. Cinq jours et cinq
mortelles nuits, les malheureux y furent livrés aux
intempéries de l'air et aux horreurs de la faim. Le
désespoir s'était emparé de tous ces braves soldats !
Seul, le jeune Alary, méprisant ses propres souffrances,
ne songeait qu'au salut de ses infortunés camarades. La
terre ferme était très éloignée, c'était une folie de songer à l'atteindre à la nage. Mais l'amour du prochain est
seul capable d'inspirer de pareilles folies. Le brave Alary
se jette à la mer, et, s'aidant d'une épave, nageant avec

une adresse, une vigueur et une énergie surprenantes, il lutte six heures contre les flots, et parvient enfin à atterrir, épuisé de fatigue, mourant de froid, à bout de forces, sur le rivage où les lames le déposent. Recueilli par des gardes-côtes, que son admirable courage a émus, il leur signala assitôt la situation désespérée de ses treize cents compatriotes. Mais, bien qu'affamé lui-même, il ne voulut accepter aucune nourriture avant qu'il n'eût éprouvé le bonheur de voir secourir et ramener à terre, tous ses infortunés camarades.

Tout commentaire affaiblirait le récit d'un tel dévouement à ses semblables.

La charité et l'humanité sont des vertus natives de l'enfance, et, parents et maîtres, doivent s'efforcer de diriger et de guider leurs enfants et leurs élèves, dans la pratique de l'amour de leur prochain.

CHAPITRE IV

L'enfant aime naturellement ses père et mère, l'amour filial est une vertu qui est pour ainsi dire instinctive.

L'amour filial engendre le respect des parents et l'obéissance aux lois sacrées qui assurent l'existence de la famille.

Si l'on voit chez les animaux les mères défendre avec acharnement leurs petits, il est aussi vrai que, dès que ceux-ci peuvent se suffire à eux-mêmes, on les voit abandonner les auteurs de leurs jours pour se confondre à jamais dans la masse de leurs congénères sans qu'on puisse retrouver chez eux un indice de l'esprit de famille. Chez l'homme, au contraire, quand le père et la mère aiment tendrement leurs enfants et lorsqu'ils les élèvent suivant les lois de la morale, on voit toujours ces enfants demeurer et revenir au foyer paternel. Si l'éloignement nécessité par les besoins de l'existence, si les circons-

tances, les en séparent un jour, du moins la pensée, cette
étincelle jetée dans l'organisme humain, permet aux
enfants de conserver dans leur cœur, le souvenir vivant
et le saint amour de leurs parents.

La piété filiale naît du respect que l'enfant doit à ses
parents et lui inspire le désir d'exposer ses jours quand
ils sont menacés d'un danger. Nous trouvons dans
l'histoire du grand Alexandre, par Quinte-Curce, le récit
touchant d'un acte de dévouement filial du célèbre vain-
queur des Perses. Une révolte terrible ayant éclaté parmi
les troupes de Philippe, roi de Macédoine, père du jeune
Alexandre, alors âgé de dix-sept ans, un combat sanglant se livra entre les révoltés et les fidèles soldats de
Philippe. Dans l'action, celui-ci eut la jambe traversée
par un javelot qui tua son cheval. Voyant son père désarçonné et en danger de mort, Alexandre n'hésita pas un
seul instant, sauta de son cheval, et, couvrant son père
de son bouclier, perça à coups d'épée les révoltés qui se
précipitaient pour tuer le roi dont il sauva ainsi la vie par
son courageux dévouement.

Pendant les guerres civiles qui désolèrent la République Romaine, sous Octave et Antoine, les historiens
latins racontent un trait de dévouement et de piété
filiale des plus émouvants. Après la bataille d'Actium,
Octave victorieux condamna tous les vaincus à être passés
au fil de l'épée. Parmi ces malheureuses victimes, se trouvait un vieillard, Metellus, qui attendait fièrement que
vînt son tour de mourir. Tout à coup l'on entend un grand
cri, un des vainqueurs se précipite sur Métellus, le serre
dans ses bras, et le couvre de baisers. Puis se tournant

vers Octave qui assistait à l'égorgement des victimes, il
lui demande, comme récompense de son courage et de
son attachement, la faveur de mourir à la place de son
père. Auguste, touché par la piété filiale de ce jeune
homme, lui accorda la grâce de Metellus.

Les annales romaines nous ont transmis également un
autre exemple de piété filiale, digne d'être conservé. Une
dame romaine ayant été condamnée à mort par le préteur, celui-ci la confia à un geôlier pour qu'il l'étranglât
suivant les tristes coutumes de cette époque. Ému de
pitié, et ne voulant pas exécuter de ses mains la fatale
sentence, le geôlier préféra la laisser mourir de faim. Il
permit même à sa fille, la belle Terrentia, qui croyant la
justice consommée, venait réclamer le corps de sa mère
afin de l'ensevelir, d'aller la voir morte dans sa prison.
Cependant, après quelques jours, s'apercevant que loin
de mourir de faim, sa victime continuait à se bien porter, le geôlier qui était certain que Terrentia ne pouvait
apporter aucune nourriture à sa mère puisqu'il la visitait
chaque jour soigneusement avant de la laisser entrer
dans le cachot, voulut s'assurer de ce qui se passait et
se cacha pendant une entrevue entre la mère et la fille.
Quel ne fut pas son attendrissement en voyant Terrentia
allaiter sa mère! Au risque de se faire lui-même condamner à mort, il courut chez le préteur, lui raconta ce
qui s'était passé, et, confessant sa faute, s'attendit à ses
justes fureurs. Mais le préteur, ému à son tour, lui
répondit aussitôt : « Il faut te pardonner ta faute, car elle
est cause que les annales romaines seront enrichies d'un
si beau trait d'amour filial. » Puis il donna l'ordre d'aller

immédiatement mettre en liberté la mère de la sublime Terrentia.

Le peuple, averti de cette belle action, témoigna bruyamment sa joie et demanda que l'on changeât en un temple consacré au culte de l'amour filial, la prison où la mère avait été sauvée par le dévouement de sa fille.

Deux villes de l'antique Sicile, Syracuse et Catane, se sont disputé l'honneur d'avoir vu naître Anphinone et son frère, ces vertueux modèles de la piété filiale. Les anciens, dans leurs croyances païennes, ont également élevé dans les deux villes, des temples aux dieux en mémoire des deux frères, et les poètes, dans leurs vers, ont longuement célébré leurs louanges.

Le mont Etna, après avoir sourdement grondé pendant quelques jours, venait de vomir soudain des torrents de lave et de feu. Un tremblement de terre agitait violemment la riche ville de Catane, tandis que le volcan, redoublant d'activité, débordait en un torrent brûlant et ravageait à ses pieds la campagne, incendiant, submergeant, sous des flots de feu, les maisons, les bois et les cultures. L'incendie gagnait bientôt la ville elle-même dont les habitants, en proie à la terreur la plus grande, s'empressaient, sous un ciel obscurci par une pluie de cendres chaudes, de réunir rapidement ce qu'ils avaient de plus précieux pour gagner au plus vite la partie de la campagne encore épargnée par le terrible élément dévastateur. Or, au milieu de la multitude affolée seulement préoccupée du soin de sauver leurs richesses, deux frères, dans un quartier déjà en proie aux horreurs de l'incendie,

haletaient sous le poids de leurs fardeaux, tristes épaves
qu'ils essayaient de préserver.

Étant venus à passer devant la maison paternelle, ils
aperçoivent, tout à coup, sur le pas de la porte, leurs
vieux parents infirmes et cassés de vieillesse, qui s'étaient
traînés péniblement jusque-là.

La fuite leur est impossible, ils sont condamnés à périr,
car les forces leur manquent pour suivre les fuyards.
Alors Anphinone, jetant à terre son précieux fardeau,
court à son vieux père, et, le chargeant sur ses épaules,
l'emporte à travers la ville, pendant que son jeune frère le
suit, pliant sous le faix du corps de sa mère. Dédaigneux
des richesses matérielles, ils parvinrent, après mille
peines, à sortir enfin de la ville embrasée, et à déposer,
en lieu sûr, les auteurs bénis de leurs jours.

Quoi de plus touchant que ce noble et pieux dévouement, et combien l'on comprend alors que ce bel exemple
de piété filiale ait été jugé digne d'être conservé à notre
admiration à travers les âges, et par les artistes qui l'ont
sculpté sur la pierre des temples et, par les poètes qui
nous l'ont harmonieusement transmis à travers les
siècles! L'immortalité enfin n'est-elle pas la plus grande
des récompenses de l'humanité?

Qui ne connaît aussi l'histoire touchante du petit page
du grand roi de Prusse, Frédéric II.

Un jour qu'il avait sonné pour qu'on vînt à son service,
il fut très étonné de ne voir personne répondre à son
appel. Il ouvrit la porte de son cabinet de travail et sur-
prit son page endormi dans un fauteuil. Frédéric II,
mécontent, allait le réveiller brusquement, lorsque,

IL LUT LA LETTRE AVEC ÉMOTION

s'avançant près de lui, il aperçut une lettre à demi
échappée de la poche de son pourpoint. Mû par un sentiment de curiosité, il la sortit doucement sans éveiller
l'enfant, et la lut avec émotion : « — Mon cher enfant,
lui écrivait sa mère, je te remercie de t'être encore privé
d'une si grande partie de tes gages pour soulager la
misère qui m'étreint et que je suis obligée de cacher à
à tout le monde. Je suis désolée que tu en souffres, car à
la cour tes besoins doivent être bien grands. Dieu te
bénira, mon enfant, tu es bon pour ta mère et ta récompense viendra un jour, car tu le mérites bien. » Aussitôt
après avoir lu la lettre, Frédéric II rentra dans son cabinet de travail, sans faire de bruit, puis ayant pris dans
sa cassette un rouleau de pièces d'or, il revint auprès de
l'enfant, et, très délicatement, glissa la lettre et le rouleau d'or dans la poche du page.

A peine rentré à son cabinet, il se mit à sonner, si fort
cette fois, que notre jeune héros se réveillait en sursaut
et se précipitait chez le roi. — Tu étais donc bien
endormi, lui dit Frédéric, car voilà un moment que je
carillonne. Tout confus de ce reproche, le page voulut
s'excuser ; dans son embarras à trouver de bonnes rai-
sons, il mit la main dans la poche de ses chausses qui
lui semblait plus lourde que de coutume. Bien étonné de
sentir le rouleau sous ses doigts, il le retire précipitamment, et, à la vue de l'or, se met à trembler, à pâlir et
à fondre tout à coup en larmes sans pouvoir prononcer
une seule parole. Feignant la surprise, Frédéric II s'ap-
proche de lui en lui disant : — Mais qu'as-tu donc à
pleurer ainsi ? — Ah ! Sire, répond le page, un ennemi

veut certainement me perdre, car je ne puis m'expliquer comment tout cet or se trouve ainsi dans ma poche. Pardon, Sire, s'écrie-t-il en se précipitant aux pieds du monarque.

« — Mon ami, lui dit Frédéric en le relevant avec bonté, Dieu nous envoie souvent le bien en dormant. C'est aujourd'hui ton cas; envoie donc cet argent à ta mère, en la saluant de ma part, et assure-la qu'à l'avenir j'aurai soin d'elle et de toi. »

Notre histoire à nous, Français, est également bien remplie par des actes de piété filiale et de dévouement envers les parents.

Ne voyons-nous pas, sous le régime sanglant de la Terreur, Mlle de Sombreuil se résoudre, par piété filiale, à la plus répugnante des actions, pour sauver la vie de son pauvre père, sur le point d'être mis à mort. Elle accepta, dit-on, de boire un verre de sang humain, comme le rapporte la légende.

Elle est aussi émouvante, l'histoire d'un des plus illustres amiraux qui aient été placés à la tête de la marine française. Le jeune Roussin n'avait que douze ans quand il s'engagea comme mousse à bord d'un de nos vaisseaux, pendant les guerres de la Révolution française. Indépendamment de l'enthousiasme qui poussait alors la nation entière, vieillards, hommes faits et enfants, à voler à la défense de la patrie attaquée sur toutes ses frontières de terre et de mer, par l'Europe coalisée, un autre noble et digne sentiment avait déterminé le jeune mousse à offrir à l'État, le service volontaire de ses deux faibles bras. Arrêté comme suspect, son père avait été traîné en prison, et y attendait, avec anxiété, le sort à peu près inévitable qui lui était réservé. Comme tant d'autres victimes, il ne devait sortir de la prison que pour marcher à la funèbre guillotine. Mais, devant le tribunal révolutionnaire, l'acte de civisme et de patriotisme du jeune Roussin trouva grâce pour l'auteur de ses jours. On n'osa pas envoyer à l'échafaud le père d'un si valeureux petit patriote.

Un enfant qui aime ses parents au point de leur faire le sacrifice du temps de sa jeunesse pour se transformer du jour au lendemain en un homme mûr, ayant renoncé à toutes les joies, à toute la gaieté et l'insouciance des premières années de l'existence, afin de se consacrer à une vie nouvelle tout entière de labeur et d'abnégation, est un enfant capable des plus belles et des plus nobles actions.

A ce sujet, je vous citerai l'exemple de Basque, à qui l'Académie française a décerné, en 1875, le prix Montyon, d'une valeur de 2.000 francs.

A l'âge de seize ans, Basque reste l'unique soutien d'une mère sans ressources, et de cinq frères et sœurs plus jeunes que lui. Il accepte avec résignation, avec fierté même, cette tâche difficile à laquelle il ne faillira jamais et à laquelle pourtant il n'est préparé ni par son âge ni par ses forces physiques.

Eh bien! voulez-vous savoir quelle a été la carrière civique de ce brave et courageux enfant, de ce fils digne et dévoué à sa mère et à sa famille? Basque a sauvé la vie à dix-neuf personnes en danger de mort.

A l'âge de douze ans, le 2 avril 1833, il s'élançait dans

le Rhône, à Avignon, et parvenait à retirer du fleuve impétueux, un homme qui s'y noyait.

A dix-neuf ans, encore à Avignon, il sauvait, en 1840, la vie à un prêtre dont le bateau avait chaviré en passant le Rhône.

A vingt-trois ans, il arrachait à une perte certaine, dans un terrible incendie, deux pauvres petits enfants bloqués au premier étage par les flammes qui les menaçaient déjà d'une mort affreuse.

En 1848, nouveau sauvetage en traversant une cour en feu, d'une pauvre femme portant dans ses bras, un bébé de six mois.

En 1856, par son énergie et sa présence d'esprit, il parvenait à sauver huit voyageurs et le conducteur de la diligence de Bessèges surpris par le violent et subit débordement d'un cours d'eau.

Quelques années après, il arrêtait un cheval attelé à une voiture et qui, ayant pris le mors aux dents, menaçait de précipiter son conducteur contre le mur terminant à angle droit une des rues les plus fréquentées de Nîmes.

Puis, en 1861, Basque sauve la vie à un aéronaute dont le ballon, brusquement dévié, s'était déchiré en tombant sur un arbre. Pour son dernier acte de sauvetage, le brave citoyen s'était jeté dans une fosse à purin, afin d'en retirer vivant un enfant qui y était tombé. Dévoué pour les siens, dévoué à ses semblables : tel fut Sébastien Basque.

J'ai cité l'exemple de Basque pour faire honneur aux bons fils. La vie de Maria Langlois, native de Hautevillers dans le département de la Somme, n'en est pas moins touchante et admirable.

Le 5 juin 1851, la société d'Emulation d'Abbeville décernait à Prudence Maria Langlois une médaille d'honneur, en récompense des soins et du dévouement que, pendant plusieurs années, elle n'avait cessé de prodiguer à sa mère, pauvre, malade et alitée.

Elle avait alors seize ans.

Une jeune fille donnant un tel exemple de piété filiale ne pouvait être qu'une nature d'élite et, en toutes circonstances, un modèle de courage et de dévouement.

A l'âge de douze ans, le 2 juin 1847, étant à Abbeville, elle se précipitait courageusement dans un fossé très profond, pour en retirer un enfant qui venait d'y tomber. A quatorze ans, elle sauvait encore la vie à un enfant qui se noyait dans l'abreuvoir des Cordelières. Enfin, le 1er juillet 1859, elle faillit être victime de son courageux dévouement en essayant de sauver un soldat qui était accidentellement tombé dans la Somme.

C'est en récompense de tous ces actes de dévouement que, en 1862, le Gouvernement décernait une médaille d'honneur à notre héroïne.

Nous ne voulons pas clore cette série d'anecdotes relative à la piété filiale, sans vous en raconter encore un touchant exemple tiré des annales japonaises.

Une pauvre mère était restée veuve avec trois enfants dont le travail suffisait avec peine à leurs besoins les plus nécessaires. Désolés du spectacle de la misère dans laquelle leur mère était plongée, ils se concertèrent un jour pour lui procurer un peu de bien-être. On venait de

publier depuis quelques temps un avertissement disant
que celui qui livrerait à la justice l'auteur d'un vol, tou-
cherait une somme d'argent assez forte pour prix de sa
délation. Aussitôt le projet des trois frères est tracé : ils
tirent au sort pour savoir celui d'entre eux qui sera le
voleur. C'est le plus jeune qui est désigné. Les deux autres
conduisent leur frère au juge et le dénoncent comme
ayant commis un vol considérable. Le juge donne l'ordre
d'emprisonner l'inculpé et fait aussitôt remettre la somme
promise à ceux qui venaient de lui livrer le soi-disant
voleur.

Mais, à peine leur action commise, les deux délateurs
avant de rentrer chez leur mère, voulurent encore une
fois revoir leur frère que le juge venait de condamner
à mort. Ils purent s'introduire dans la prison, et là,
firent des adieux touchants au noble martyr de la
piété filiale. Mais le juge les avait surpris pendant cet
entretien. Etonné de voir un criminel si bien avec ses
délateurs, il fut fortement intrigué, et, flairant un mystère, en même temps qu'il donnait l'ordre de surseoir à
l'exécution, il faisait suivre par un de ses agents, les deux
frères à leur sortie de la prison. L'agent revint un instant
après, et raconta au juge que ces deux hommes avaient
remis de l'argent à leur mère, mais que celle-ci, ayant
appris qu'elle en était la provenance, leur avait enjoint,
avec force cris et larmes, de le rapporter au juge, et de
ramener leur jeune frère.

Le juge fit venir le condamné, l'interrogea de nouveau,
le menaça des plus cruels supplices, s'il ne disait pas la
vérité. Mais le condamné persista dans ses aveux précé-

dénts. Emu de tant de fermeté, et d'un aussi touchant exemple de piété filiale, le juge courut chez l'empereur et lui raconta la belle action des trois frères. L'empereur voulut alors les voir, et les combla de faveurs, et dès lors la pauvre mère ne fut plus en butte à l'indigence.

Tel est le simple et noble récit que bien des mères japonaises racontent à leurs enfants pour leur inculquer l'amour filial.

L'esprit de famille engendre l'amour fraternel et l'esprit de solidarité. Plus on est malheureux, en famille, plus on doit s'entr'aider et se serrer les coudes.

Ecoutez plutôt la touchante histoire des trois petits Blaise, dont l'aîné Marcel avait dix ans, le cadet Henri huit ans, et le dernier, Eugène, six ans seulement !

Les époux Blaise vivaient à Choisy-le-Roi dans la plus noire des misères, la mère était anémiée au suprême degré et n'avait plus que le souffle de la vie ; le père, ouvrier sans travail, malade depuis longtemps déjà, ne pouvait plus subvenir aux besoins quotidiens de sa misérable famille.

Un jour, à bout de ressources, tout le monde quitte Choisy et vient à Montgeron, demander à la sœur du père, un peu de pain et un abri.

La veuve Georges, pauvre elle-même, accueille cependant ses infortunés parents. Mais les privations sans nombre, les maladies, terrassent la pauvre mère qui succombe quelques jours après. Son mari ne lui survit qu'un mois à peine. Pauvres petits orphelins ! il ne leur restait plus que leur vieille tante comme protectrice. Mais celle-ci, effrayée par tant de malheurs successifs, s'enfuit subi-

7

tement de son triste logis et abandonne les trois enfants à leur malheureux sort.

Les orphelins tiennent conseil. Que faire à Montgeron sans ressources ? Ils n'y connaissaient personne. Ils prennent alors le parti de retourner au pays natal, à Choisy, où ils se réfugient dans une masure abandonnée, à demi ruinée, qui se trouvait sur la route, en dehors de la petite ville.

Le toit est trouvé, ce n'est pas tout : il faut vivre maintenant. Les trois enfants se rendent alors dans les marchés des environs, et cherchent à s'employer. L'aîné, le plus fort, fait des corvées dont la rétribution, bien que minime, suffit cependant à leur assurer le pain quotidien. Une fois même la recette fut si abondante que Marcel, ému de voir son plus jeune frère souffrir en allant nu-pieds sur les cailloux de la route, lui acheta au marché de Bicêtre, une paire de vieux souliers pour quarante centimes !

Ils connurent aussi les jours de chômage, le travail manqua. Alors, les pauvres abandonnés tendirent la main en demandant l'aumône pour vivre. Tous les soirs ils regagnaient leur baraque où ils s'étaient fait un grabat d'herbes sèches et de paille, se couchant les uns contre les autres, le plus petit au milieu, afin d'avoir un peu moins froid.

Ils vécurent ainsi dix longs jours et dix cruelles nuits d'hiver.

Un jour, la fortune sembla leur sourire. Marcel, le vaillant petit aîné, avait gagné de ses faibles bras la somme considérable de vingt sous ! C'était une fortune pour eux,

aussi, rentraient-ils au logis misérable, le cœur un peu
plus léger que de coutume. On avait acheté une livre de
pain blanc, et le surplus de l'argent avait été soigneusement mis de côté pour les jours mauvais.

Il faisait nuit noire : neuf heures et demie venaient de
sonner. Les orphelins avaient hâte d'arriver à leur
masure, là, on mangerait de grand appétit, et l'on se

TOUS LES SOIRS, ILS REGAGNAIENT LEUR BARAQUE.

coucherait. Pauvres projets ! qui s'évanouirent bien vite
lorsqu'ils ne trouvèrent plus qu'un monceau de ruines à
la place de leur cabane. Ils en firent le tour, ne pouvant
en croire leurs yeux ; hébétés, ils pleurèrent silencieu-
sement, regrettant leur lit d'herbes sèches recouvert
par les débris de la toiture et les pierres du mur démoli
en leur absence.

De mauvais garnements, des enfants sans cœur qui,
eux, avaient père et mère, qui dormaient à cette heure
dans un bon lit bien chaud, dont l'estomac était repu
d'une abondante nourriture, étaient les auteurs de cet
acte de vandalisme cruel et méchant. Ayant remarqué que
les pauvres orphelins y avaient cherché abri, ils avaient,
pendant le jour, démoli la masure pour faire une niche
aux malheureux abandonnés.

Cet âge est sans pitié

A dit le fabuliste La Fontaine en parlant de la jeunesse.
Pourquoi les parents ne leur enseignent-ils pas cette
pitié : ils s'éviteraient le chagrin de voir leurs enfants commettre des actes de cruauté sous prétexte de s'amuser.

Bref, Marcel, Henri et Eugène se consultèrent en pleurant. A Choisy, à cette heure tardive, tout était fermé.
Allons à Paris, dit l'aîné. Et, dans la nuit sombre et glaciale, ils se dirigèrent vers Gentilly pour gagner la grande
ville où l'on trouverait l'hospitalité sans doute.

Vers onze heures du soir, errant à travers les rues,
ils s'arrêtèrent devant le poste de police de la rue de la
Butte-aux-Cailles. Un sergent de ville, de planton à la
porte, les interrogea curieusement. Marcel raconta aussitôt leur malheureuse odyssée, et le sergent de ville conduisit les trois orphelins au commissaire de police qui,
après leur avoir accordé l'hospitalité pendant la nuit, les
fit conduire le lendemain matin à l'assistance publique
qui les a recueillis. Pauvres enfants ! Puissiez-vous plus
tard, grandis dans l'adversité, devenus des hommes,
vous trouver réunis un jour sous le même abri, plus

NETTOYANT CI, BALAYANT LA...

heureux que le soir où les méchants garnements démo-
lirent votre toit misérable de la route de Choisy-le-Roi!

Je me rappelle, avec émotion, un autre trait d'amour
fraternel qui m'avait fort impressionné par sa simplicité
et je n'ai qu'un regret c'est de n'avoir pu conserver le
nom du brave enfant qui en était le héros, pour le donner ici, en racontant sa belle conduite.

Un pauvre garde-frein de la Compagnie des chemins
de fer de l'Est, vivait modestement du salaire de son rude
métier, au petit village de Marcilly, dans la Côte-d'Or,
auprès duquel se trouve l'importante gare de transit
d'Is-sur-Tille. Marié jeune, au sortir du service militaire,
il était père de quatre enfants dont l'aîné avait sept ans
et dont le dernier esquissait à peine ses premiers pas.

Un soir d'hiver, en rentrant d'un long et pénible
voyage, le pauvre garde-frein trouva sa vaillante femme
au lit, en proie à une fièvre ardente; en quelques jours
une foudroyante maladie l'enlevait à son affection et
faisait quatre malheureux petits orphelins. Qu'allaient-ils
devenir? On n'est pas riche comme garde-frein, et, quand
une bonne ménagère n'est plus là dévouée pour tenir les
cordons de la bourse, la misère ne tarde pas à habiter le
foyer désolé. Et, d'ailleurs, les enfants sont si petits encore
qu'ils réclament des soins constants. Notre garde-frein,
ayant obtenu un congé, se demandait avec anxiété comment il allait pouvoir dénouer une aussi pénible situation,
lorsqu'il s'aperçut avec étonnement au bout de quelques
jours que son jeune fils aîné, le bambin de sept ans,
s'était mis de lui-même à vaquer aux soins du ménage,
couchant ses petits frères, berçant sa petite sœur, net-

toyant ci, balayant là. Tant et si bien que son congé
expiré, devant les exigences du service, notre garde-frein
fut obligé, un jour, de s'absenter pendant plus de vingt-
quatre heures. Quand il revint au logis, notre brave
homme ne put s'empêcher de pleurer en contemplant
avec attendrissement le spectacle qu'offrait son foyer
domestique. C'était l'heure du repas, et l'aîné, pénétré
de l'importance de ses fonctions, distribuait à ses frères
et sœurs la soupe qu'il avait faite avec l'aide d'une voi-
sine charitable. La maison était bien rangée, les enfants
étaient propres et le brave petit garçon, en embrassant
son père ému, lui disait avec un accent décidé : — Tu
sais, papa, tu peux aller au train maintenant, n'aie pas
peur, je saurai bien faire comme maman.

Eh bien, ce jeune petit héros de l'amour fraternel a
tenu sa parole, car, pendant plusieurs années, c'est lui
qui, par des prodiges de volonté, d'adresse et d'intelligence, a su s'occuper de tous les soins que réclamaient
ses jeunes frères et sœurs, pendant les absences quelquefois bien longues que le garde-frein était obligé de faire.

Qu'est devenu ce cher enfant? Je ne sais, car, depuis
une dizaine d'années, je l'ai perdu de vue? Mais je suis
certain qu'avec un cœur aussi plein de bons sentiments,
avec un tel instinct de dévouement à la famille, il a dû
devenir un modèle de bonne conduite et un digne citoyen.
Élevé à l'école de l'adversité, avec un sentiment aussi
remarquable du devoir, cet enfant n'a pu mentir à ses
débuts dans la vie, il doit être aujourd'hui un honnête
homme, et sera certainement un excellent père de
famille.

Je ne terminerai pas cet intéressant chapitre, sans mentionner encore la conduite digne d'éloges d'un jeune ouvrier verrier de la cristallerie de Baccarat que j'ai beaucoup connu.

Le petit Eugène, élève de l'école communale, était certainement l'un des enfants les moins fortunés de sa classe, ses effets étaient vieux, rapiécés, mais néanmoins très proprement tenus. Il n'ignorait pas que sa mère était malheureuse, et, au lieu de courir au sortir de la classe, pour aller s'amuser avec les jeunes camarades de son âge, il rentrait tranquillement au pauvre foyer où il savait toujours se rendre utile. L'enfant comprenait que, sa mère étant dans la misère, il devait l'aider de ses moyens quelque faibles qu'ils pussent être. Un grand malheur avait autrefois frappé sa famille ; un jour, son père cédant à des entraînements coupables avait déserté le logis, abandonnant sa femme et deux enfants en bas âge, privés de toutes ressources. Ainsi, réduits au maigre gain du travail quotidien de la pauvre mère, avaient-ils souvent connu depuis les jours sans pain, les froides journées d'hiver sans feu et la misère enfin dans toute sa rigueur. Le petit Eugène n'avait pas tardé à s'en apercevoir sans qu'on eût eu besoin de le lui expliquer. Dans son jeune cœur, une idée avait germé, un seul désir s'était élevé : terminer au plus tôt ses études primaires pour entrer à la cristallerie de Baccarat, afin de pouvoir subvenir de son salaire, quelque minime qu'il fût, aux besoins de sa mère. Cet enfant de treize ans, ayant appris que son père, en partant, avait laissé des dettes au pays, en sentit sa fierté atteinte. Il voulait avoir

le droit de lever la tête comme tout le monde, et, lorsqu'il
eut touché son premier salaire mensuel, il s'empressa
d'en faire deux parts : la première fut consacrée à
éteindre les dettes paternelles, la seconde devait servir à
augmenter les maigres moyens d'existence de la famille.
Quant à lui, n'ayant, disait-il, nul autre besoin que de
manger et de vivre, il ne se réservait absolument rien
sur sa paye.

N'est-elle pas méritoire au plus haut point, la conduite
de ce jeune enfant de quatorze ans, qui consacrait ainsi
le fruit de son labeur, à blanchir la mémoire de son père
en payant ses dettes, et à procurer un peu de bien-être
aux siens, privés depuis longtemps du nécessaire.

Si l'on voulait raconter tous les traits de la piété
filiale des enfants, il faudrait accumuler les volumes, car
nombreux ils sont, autant que variés, dans leurs causes
et dans leurs effets. Mais il ne faut pas croire que la piété
filiale et le dévouement à la famille soient l'apanage de
quelques enfants fortunés? Dans ce cas, la chose se comprend aisément, quand on est riche, exempt de tous sou-
cis matériels, on peut compatir aux petites et aux grandes
misères des autres sans avoir beaucoup à se préoccuper
du lendemain, mais ces beaux exemples sont dignes de
tous les éloges et de toute notre admiration quand ils
proviennent d'enfants pauvres élevés à l'école toujours
si rude de l'adversité : Tels sont les deux exemples que
je viens de rapporter et qui font le plus grand honneur
au fils du garde-frein de la gare d'Is-sur-Tille et au jeune
Eugène, le petit ouvrier verrier de la cristallerie de
Baccarat.

De l'amour filial découle le respect de l'autorité paternelle, c'est la garantie la plus certaine du respect de
la famille et, comme la patrie n'est qu'une réunion de
toutes les familles qui couvrent son sol sacré, c'est aussi
la garantie du respect de la société et des lois qui la
régissent. L'attachement au sol, le patriotisme, est une
vertu incomplète si elle ne se double de l'attachement à
la famille, de la piété filiale. Qui aime ses parents, ses
frères et ses sœurs, est forcément un bon patriote et un
digne citoyen.

CHAPITRE V

L'homme est d'une nature éminemment sociable, et, s'il aime tous ses semblables, c'est qu'il y a au fond de son âme, jeune encore, des germes de bonté et de charité qui éclosent et se fortifient, qui s'étiolent et disparaissent suivant que, dès ses premières années dans le chemin de la vie, il a été habitué à les cultiver ou à les négliger. Tout dépend pour cela du milieu où il aura grandi, et des exemples qu'il aura eus devant les yeux. Les bons instincts se développent toujours d'une façon beaucoup plus vivace dans l'âme et l'esprit d'un enfant qui voit pratiquer journellement le bien par ceux qui l'entourent et qui entend ceux-ci exalter sans cesse les actes de courage et de dévouement dont ils ont eu connaissance.

La jeunesse est ardente et jalouse d'accomplir de belles actions. Chez elle, l'instinct du dévouement est inné, et, si la réflexion vient quelquefois tempérer cette juvénile abnégation de soi-même, c'est qu'alors l'égoïsme hideux, produit du luxe ou de la peur, s'est déjà emparé de l'esprit de l'enfant.

C'est pourquoi il faut toujours louer les actions généreuses de l'enfance, et les proclamer plus nobles, plus
grandes et plus magnanimes que celles des hommes
faits, chez lesquels la force et l'expérience ont d'ailleurs
ajouté une vigueur plus grande aux sentiments de courage et de dévouement que l'on découvre à l'état natif
chez les enfants. Cet entraînement au bien trouvera
plus tard sa récompense quand, arrivé à la fin d'une
carrière honnête et bien remplie, l'homme pourra dire
à ses semblables, à ses enfants : Depuis mon plus jeune
âge j'ai désiré faire le bien, j'en ai recherché toutes
les occasions, et, durant ma longue existence, je me suis
appliqué de toutes mes forces, et par tous les moyens en
mon pouvoir, à remplir le généreux devoir qui m'était
imposé.

Il faut donc faire le bien dès qu'on le connaît, dès
qu'on peut le pratiquer. La vie est courte ici-bas, et le
temps est mesuré pour s'y employer utilement, car,
comme s'écriait Job dans la Bible : « Lorsque vous
mourrez, si vos mains sont vides de bonnes œuvres,
vous ouvrirez vos yeux et vous ne trouverez rien, vous
serez comme un pauvre qui a rêvé qu'il est devenu riche,
et qui, à son réveil, se trouve toujours sans biens. »

Si l'on voulait raconter tous les traits de courage
et de dévouement dont nous sommes redevables à
l'enfance, rien que pendant le xixe siècle qui vient
de finir, il faudrait écrire un bien gros volume. D'autre
part, si l'histoire nous avait conservé le souvenir de
tous les actes analogues de l'antiquité, du moyen âge et
des temps modernes, nulle bibliothèque ne serait plus

morale, plus saine, plus instructive, plus considérable
et mieux fournie. Le dévouement de l'enfant pour ses
semblables se manifeste avec une étonnante diversité
au milieu de tous les dangers, et, ce qu'il y a d'admirable chez lui, c'est la spontanéité, l'abnégation, et
aussi la faiblesse des moyens avec lesquels il accom-
plit toutes ces nobles et belles actions d'amour du
prochain.

En lisant des historiettes enfantines à mon fils bien-
aimé, j'ai glané çà et là quelques pages touchantes que
je demande à mes jeunes lecteurs de leur exposer dans
ce modeste petit livre. Je croirais faire injure aux filles
de France, en ne les comprenant pas aussi au nombre
de mes lectrices. Cette histoire des actes de dévouement
à l'humanité leur appartient également.

N'ont-elles pas, en effet, contribué à augmenter dans
la plus large mesure et en tout temps, les touchantes
annales du courage civique chez notre belle jeunesse?

Et, n'allez pas croire qu'en raison de la faiblesse de
leurs forces physiques, inhérente à leur sexe, et de la
délicatesse naturelle de leurs affections, elles ne soient
aptes qu'aux dévouements moraux, et qu'aux actes relevant de la pure compassion, ou de l'ardente charité.
Loin de là, car elles ont du bon sang gaulois dans les
veines, nos vaillantes petites Françaises. Vous les verrez
aussi dans les divers combats pour l'humanité, lutter
désespérément contre les éléments pour leur arracher
souvent, au péril même de leurs jours, de pauvres victimes, vouées à une mort certaine sans leur courageuse
intervention.

Si chez l'homme fait, chez le père de famille, la lecture du récit de ces admirables traits de courage et de dévouement, a provoqué une touchante émotion et une admiration sincère, je suis certain que chez vous, enfants, qui avez le cœur noble, l'âme ardente autant que généreuse, ces beaux exemples feront battre vos cœurs d'une réelle fierté pour les héros et les héroïnes de votre âge, et y feront naître le vif désir de vous dévouer à vos semblables, toutes les fois que l'occasion s'en présentera.

CHAPITRE VI

Parmi les quatre éléments qui, sur notre globe terrestre, assurent à l'humanité la vie, la chaleur et la lumière, il en est deux surtout qui nous exposent à des dangers fréquents et terribles. Ces deux éléments sont opposés l'un à l'autre sur notre machine ronde, ce sont pourtant des ennemis irréconciliables, mais qui causent toujours des ravages et des désastres, des malheurs irréparables, lorsqu'ils s'attaquent à l'improviste au genre humain surpris, et souvent désarmé contre leurs fureurs. Ce sont l'eau et le feu. C'est cependant à ces deux redoutables adversaires, que des légions de jeunes enfants n'ont pas hésité à se mesurer bravement pour leur arracher, au prix des plus grands dangers, une proie que leur petit cœur de héros se révoltait à leur laisser engloutir ou dévorer.

Il faut d'abord avouer que, si les enfants ont l'âme pleine de tendresse et de dévouement pour leurs sem-

blables, ils sont aussi généralement très portés à
l'imprudence et à la désobéissance. Votre excuse, nous
la connaissons : il faut bien que jeunesse se passe, il faut
bien s'amuser à votre âge, et vous partez, imprudents et
désobéissants, sur la glace trompeuse des étangs où l'on
glisse si agréablement en hiver, sur les bords des rivières
ombragées où il fait bon pêcher ou se baigner en été !
Un accident est bien vite arrivé, et, si le bonheur ne
veut pas qu'un jeune héros se trouve là, prêt à risquer
son existence pour sauver la vôtre si imprudemment
compromise, le soir, dans la maison endeuillée, on rap-
portera peut-être à vos parents en larmes un petit corps
froid et sans vie.

Nous nous efforcerons donc de rendre à chacun, aux
sauveteurs comme aux sauvés, la part de gloire ou de
responsabilité qui leur revient, afin d'encourager et de
louer les premiers et d'effrayer ceux qui pourraient être
enclins à s'exposer imprudemment en leur montrant les
dangers réels qui les menacent par suite de leur étourderie et de leur désobéissance.

On peut dire que le plus grand nombre d'accidents
dont sont victimes les enfants, soit par suite d'imprudence ou de désobéissance, soit pour toute autre cause,
se produisent dans l'eau, qu'elle soit rapide ou dormante, calme ou agitée, trompeuse ou menaçante.

Voici donc le récit authentique de quelques traits de
courage accomplis dans l'élément liquide, par des enfants,
souvent de l'âge le plus tendre.

Je dois vous confesser d'abord bien franchement que,
devant le grand nombre des nobles exemples de dévoue-

9

ment que j'ai recueillis, je me suis trouvé bien embar-
rassé pour faire un choix, j'ai donc dû me borner ; et si,
dans ce modeste ouvrage, je ne les cite pas tous, c'est
que je ne pourrais le faire sans répéter mille et mille fois
la même chose.

Ab uno disce omnes, comme disaient les Romains,
d'après les traits de courage que je vous exposerai, jugez
de tous les autres. Les quelques exemples que je citerai,
suffiront, je l'espère, à remplir mon but, c'est-à-dire à
démontrer que les qualités et vertus de l'âge mûr ne
sont que l'épanouissement de celles qu'on trouve chez
l'enfant depuis son plus bas âge.

Et tenez, en voici une preuve. Un dimanche du mois
d'avril 1807, le jeune Alphonse Lemonnier et la petite
Deschamps se promenaient seuls dans un jardin fleuri
traversé par la rivière la Nançon qui arrose la jolie ville
de Fougères en Bretagne. Le petit Alphonse n'avait que
quatre ans et sa compagne de promenade en avait cinq.
Tout à coup celle-ci pousse un cri de terreur, en faisant
un faux pas, elle vient de tomber dans l'eau, profonde en
cet endroit de plus d'un mètre. Son tout jeune compagnon
jette d'abord des cris de détresse, puis soudain, pris
d'une résolution virile, entre dans la rivière, et, se cram-
ponnant d'une main à une racine d'arbre, tend l'autre
main à sa petite amie qui en se débattant s'y accroche
désespérément. Tirant à lui de toutes ses forces, le brave
sauveteur de quatre ans finit par triompher du danger,
et ramène sur le rivage la petite Deschamps qui s'éva-
nouit aussitôt déposée sur l'herbe. « Lorsqu'elle est assez
revenue à elle, pour marcher, dit le rapport du sous-préfet

de Fougères, il la reconduisit à sa mère. » La municipalité de Fougères remettait solennellement, le 6 juillet suivant, au vaillant petit sauveteur étonné de la solennité d'une telle cérémonie, une médaille en argent portant une étoile au milieu d'une couronne de chêne avec l'exergue : *Macte nova virtute puer*, 1807, et cette inscription : *Donnée par Monsieur le Maire de Fougères à Alphonse*

LE BRAVE SAUVETEUR DE QUATRE ANS FINIT PAR TRIOMPHER DU DANGER.

Lemonnier âgé de quatre ans, pour avoir sauvé des eaux une jeune fille de cinq ans.

Henri Conrard, âgé de cinq ans, s'était arrêté avec sa sœur Blanche, âgée de trois ans et demi, sur le bord d'une mare où jouaient plusieurs enfants du village de Villiers-le-Mahieu, dans le département de Seine-et-Oise.

Tout à coup, Blanche, qui s'était trop approchée du bord, tombe à l'eau dans un trou profond de un mètre et demi et disparaît aussitôt sous la nappe liquide. Les autres enfants se sauvent en poussant des cris d'effroi. Mais Henri entre bravement dans la mare au péril de sa vie, et là, se tenant fortement à une racine d'arbre, parvient à saisir sa sœur et à la ramener sur la rive. Avec quelle joie, son père qui était l'instituteur du village embrassa son brave enfant qui avait eu le bonheur de sauver à la fois et son semblable et sa sœur chérie! Le petit Conrard reçut, en outre, du Gouvernement, une médaille d'honneur en récompense de son dévouement.

Le 7 juillet 1895, le jeune Germain Alquier, âgé de neuf ans, s'amusait seul dans un canot attaché à un bateau dans le grand canal de Carcassonne ; par suite d'un faux mouvement, imprimé à l'esquif, le petit imprudent tombe bientôt à l'eau. Accouru à ses appels désespérés, un jeune garçon de son âge, Henri Andrieu, fils d'un patron de barque, se jette résolument à l'eau, et parvient à le sauver. Ce brave enfant avait déjà, trois mois auparavant, sauvé une petite fille à Palavas ; il s'était en outre, dévoué encore une fois, pour retirer de l'eau à l'écluse de l'Aiguille, près de Puichérie, un nommé Marcelin qui était sur le point de se noyer dans le canal. Quelle belle existence civique font présager chez ce courageux petit sauveteur ces trois sauvetages accomplis en si peu de temps !

A Mazères, canton de Saint-Laurent-de-Neste, Léon Cabail, bambin de quatre ans, s'amusait, le 5 juillet 1895, sur les bords escarpés du canal d'un moulin, à une vingtaine de mètres environ des vannes. Ce qui devait fatalement arriver arriva au petit imprudent qui, glissant sur l'herbe humide, tomba la tête la première dans le canal, profond en cet endroit d'un bon mètre, et rempli d'une eau rendue bourbeuse par la chute récente des pluies. Entraîné par le courant, Léon Cabail poussait des cris déchirants. Son camarade, Jean Lacoste, n'écoutant que son courage se jette à l'eau tout habillé, et, après quelques efforts, a le bonheur de saisir Léon Cabail par ses vêtements. Mais le brave petit sauveteur a trop présumé de ses forces, le courant les entraîne tous les deux vers les vannes. Sans lâcher son camarade, Jean Lacoste peut heureusement s'accrocher à des branches d'aulnes qui bordent le canal du moulin. Il lutte désespérément dans cette position critique, pour résister au courant qui l'entraîne, jusqu'au moment où des voisins, attirés par ses cris, accourent en toute hâte et retirent de l'eau le courageux petit sauveteur à bout de forces, et le jeune imprudent évanoui.

A l'âge de douze ans, le petit Sébastien Bacque sauvait, le 2 avril 1833, à Avignon, un homme qui se noyait dans le Rhône, le fleuve le plus rapide de France !

Dans le *Messager boiteux de France*, almanach historique pour l'année 1815, on lit le beau trait de courage suivant : « Un enfant de la commune de Gemme, département des Deux-Sèvres, tomba dans un puits pendant que les habitants étaient à la messe. Ses cris ne purent être entendus que de René Boutet, âgé de treize ans, qui accourut aussitôt à son secours. Après avoir essayé en

vain de le sauver au moyen d'une longue perche, le
jeune Boulet, quoique infirme et malade depuis quinze
mois, alla chercher une échelle et la fit couler au fond
du puits, il y descendit ensuite lui-même, et, après les
plus grands efforts, il parvint à retirer l'enfant et à le
rendre à la vie. »

Voici un autre sauvetage opéré également dans un
puits, où la piété filiale dispute la palme au dévouement
pour ses semblables.

C'était en l'année 1858, une pauvre femme des Ave-
nières, département de l'Isère, atteinte d'aliénation
mentale, s'étant un jour évadée de la chambre où elle
était enfermée, alla se précipiter dans un puits de
trente mètres de profondeur. Au bruit de sa chute, les
voisins accourent et aperçoivent avec terreur la pauvre
folle qui se débat dans l'eau ; mais personne n'ose lui
porter secours, car une lutte avec la malheureuse aliénée
est à craindre au fond du puits. Survient le fils de la victime, Montavon Antoine, âgé de quinze ans.

— Ma mère, s'écrie-t-il, c'est à moi de la sauver !
Aussitôt, il se fait attacher à la corde du puits et se fait
descendre au fond, à la grande terreur des spectateurs
qui tremblent de voir la mère et l'enfant, victimes d'un
éboulement. Si la corde casse, c'en est aussi fait d'eux.
Elle résiste heureusement et le brave Antoine peut
se faire remonter quelques instants après, tenant dans
ses bras entrelacés, sa pauvre mère qui n'avait eu heureusement que quelques contusions.

Nous avons dit que, bien souvent, l'esprit restait con-
fondu devant le courage, l'intrépidité, l'énergie et la

résolution extraordinaires, d'enfants du plus jeune âge. En voici un exemple, tiré des annales de l'Académie Française, qui, en 1840, décernait un prix Montyon de 1.500 francs au jeune Joseph Serres, âgé de douze ans, pour le courage et l'énergie déployée par lui dans une opération de sauvetage accomplie, le 2 mai 1839, au village de Gimont, dans le département du Gers.

Deux petits garçons de quatre ans qui s'amusaient sur la place publique, en dehors de toute surveillance, avaient eu la fatale idée de monter sur le puits de la commune, et en jouant venaient d'y tomber tous les deux. Aussitôt la foule d'accourir, les femmes lèvent les bras au ciel, les hommes se consultent désespérément, au fond du puits, les enfants se débattent. Ils vont périr misérablement, car tout le monde semble avoir perdu la tête !

Alors le jeune Serres arrive bravement auprès de l'ouverture du puits et demande une échelle. Celle qu'on apporte est trop courte. L'enfant demande qu'on la lui tienne, suspendue à bout de bras. Il descend les derniers échelons ; l'échelle est encore bien courte, mais en se penchant, il parvient à saisir les mains d'une des petites victimes qui est debout au fond du puits. Chargé de son précieux fardeau, il remonte à l'orifice et dépose le premier enfant entre les bras de sa mère.

Sans perdre de temps, il redescend aussitôt et, accroché à l'extrémité de l'échelle, il essaie d'atteindre le niveau de l'eau avec les mains. C'est impossible, car l'échelle est réellement trop courte.

Combien d'autres, désespérés, auraient bien vite confessé leur impuissance, et seraient remontés aussitôt...

Mais Serres, avec une énergie supérieure, se défend de se laisser abattre ainsi avant d'avoir tenté l'impossible. Le second enfant a dû couler au fond, car il ne l'aperçoit plus. Alors, le courageux petit sauveteur se suspend par les pieds au dernier échelon et grandi par ce moyen dangereux, il plonge, et, cherchant des mains, est assez heureux pour saisir la victime, peut-être morte maintenant.

Comment fit-il ensuite pour rassembler assez de forces afin de la tirer hors de l'eau. Le courageux enfant ne put lui-même s'en rendre compte; toujours est-il qu'avec une énergie surhumaine il réussit à remonter hors du puits avec le petit noyé, depuis un moment évanoui.

Il eut le bonheur de voir que son dévouement n'avait pas été inutile, car à force de soins, le deuxième bambin put être rappelé à la vie. Le nom de Joseph Serres devrait être écrit en lettres d'or dans la salle de la maison commune de Gimont.

Quand nous étions enfants, nos parents nous prémunissaient contre trois choses principalement dangereuses, les allumettes, à cause du feu, les couteaux, à cause des blessures, et les fenêtres à cause des chutes. A la campagne, il faut ajouter une quatrième cause d'accidents nombreux pour les enfants, l'eau, sous toutes les formes diverses où elle se présente, qu'elle soit agitée ou dormante. Dans ce dernier cas, les puits sont particulièrement à redouter, car ils semblent attirer les enfants. C'est si amusant de voir le ciel au fond d'un puits, d'apercevoir aussi son image réfléchie sur le miroir de l'eau tranquille. Mais un faux mouvement est vite fait et si le malheureux petit imprudent n'est pas dans sa chute assommé par les pierres du mur de soutènement du puits, il risque fort de trouver la mort sous ce miroir trompeur.

C'est un accident de cette nature qui arriva le 28 novembre 1881 au bourg de Thiais, en Seine-et-Oise, aux deux petits Vendel, dont l'un était un garçonnet de huit ans, l'autre une fillette de quatre ans seulement. En jouant imprudemment auprès d'un puits, la petite Vendel y fit tout à coup la culbute. Aux cris du frère, la mère accourt affolée et se met à appeler au secours. Il n'y a pas un instant à perdre. Pris soudain d'une idée lumineuse, le jeune Vendel détache la chaîne du puits, entre dans l'un des seaux et se laisse descendre jusqu'au fond.

Il saute alors dans l'eau, en retire sa sœurette déjà submergée, la met dans le seau à sa place, et crie à sa mère de la remonter. Tout cela se passa bien plus rapidement qu'on ne peut le raconter. Le hardi et intelligent petit sauveteur avait fait vite et bien. Pendant ce temps, il restait cramponné aux anfractuosités du mur, à la surface de l'eau, en attendant que sa mère lui renvoyât le seau vide.

Or la malheureuse maman, brisée par de si cruelles émotions, sentit tout à coup les forces lui manquer, tandis qu'elle remontait son précieux fardeau.

— Je n'en puis plus, mon pauvre petit, je vais tout lâcher.

Alors, le brave enfant, sans perdre un seul instant son sang-froid, lui recommande d'accrocher la chaîne à

10

la margelle du puits. Il était temps, la pauvre mère allait, impuissante, laisser retomber au fond du gouffre son cher enfant. Sentant la chaîne attachée, celui-ci rassemble ses forces et, se hissant à la force des poignets, parvient à gagner l'orifice, saute hors du puits et vient ranimer de ses baisers sa pauvre mère à demi évanouie auprès de sa petite sœur.

Quels prodiges d'intelligence, de courage et de sang-froid chez un enfant de huit ans.

Ces traits de dévouement sont admirables, et l'on se sent le cœur profondément remué quand on les raconte, combien encore, de tout aussi beaux, demeurent cependant inconnus? Aussi a-t-on bien raison de donner le plus de solennité, le plus de publicité possible, aux touchantes cérémonies dans lesquelles on remet aux enfants sauveteurs, la récompense civique qu'ils ont méritée par leur courage et leur dévouement.

Dans le courant du mois de janvier 1894, une belle cérémonie de ce genre réunissait, dans la cour du château de Rambouillet, les officiers, le personnel civil et militaire et les élèves de notre première école d'enfants de troupe. Les portes de l'établissement avaient été ouvertes à un nombreux public qui se pressait en foule, pour voir remettre au jeune enfant de troupe, Manuel, Auguste-Raphaël-Achille, une médaille en argent de 2e classe qui lui avait été décernée par M. le Ministre de l'Intérieur, pour ses actes de courage et de dévouement.

Devant tous ses petits camarades, Manuel se tient immobile, quoique tremblant un peu d'émotion, à quelques pas du chef de bataillon, commandant l'École.

D'une voix forte et vibrante, le vieux chef adresse à son
élève les paroles suivantes avant de lui remettre sa
médaille :

Mon cher Manuel,

Je suis très heureux et aussi très fier d'avoir à placer
sur votre poitrine cette médaille d'honneur, qui vous a
été si justement décernée pour deux actes de sauvetage
que je tiens à rappeler à tous.

Le 20 avril 1891, vous aviez à peine treize ans, vous
vous êtes jeté, sans hésiter, dans la rivière de l'Hérault,
pour retirer un de vos camarades qui, entraîné par le
courant rapide, venait de disparaître dans un gouffre et
allait se noyer, vous l'avez arraché à la mort.

Le 10 août 1893, pendant les dernières vacances, au
même endroit, et dans des circonstances analogues, vous
avez encore exposé votre vie pour sauver un de vos semblables.

Ainsi, à deux reprises différentes, vous avez fait preuve
de ce courage, de ce sang-froid qui dénotent un caractère
fortement trempé, et de cet esprit de sacrifice et de
dévouement qui est l'apanage d'une âme haute et noble.
Recevez toutes mes félicitations, mon cher Manuel.

Et vous tous, mes chers enfants, prenez exemple sur
votre camarade, et n'oubliez jamais que ces qualités qu'il
a si bien montrées : courage, sang-froid, esprit de sacrifice et de dévouement, doivent toujours être dans le
cœur du soldat. Car c'est avec elles que l'on gagne des
batailles. »

Aussitôt après, le vieux commandant accroche sur la poitrine gonflée d'émotion de Manuel, la noble médaille d'argent au ruban tricolore, et, serrant l'enfant dans ses bras, il l'embrasse paternellement aux applaudissements de toute l'assistance. Puis le jeune soldat en herbe, crânement campé à la gauche du Commandant de l'École, assiste, les yeux remplis de larmes de fierté, au défilé de ses petits camarades dont les punitions sont levées en son honneur.

Les fils de giberne, qui se sont rendus si célèbres sur les champs de bataille de l'Europe, ne se sont jamais lassés d'être aussi remarquables au point de vue des vertus civiques.

Nous avons relevé dans les journaux militaires du fameux camp de Boulogne formé par l'empereur Napoléon Ier en 1804, un trait de courage qui mérite d'être relaté.

Le maréchal Soult, commandant en chef le camp, faisait connaître à l'armée par son ordre du jour du 7 vendémiaire an XIII, le témoignage éclatant que le Gouvernement rendait au jeune et courageux Kerbois, petit lapin au 5e bataillon de sapeurs, qui, le 28 thermidor, s'était jeté à la mer, tout habillé et avait eu le bonheur de sauver la vie à un officier et à plusieurs soldats embarqués à bord d'une des chaloupes de la flottille, laquelle venait de chavirer non loin du rivage.

Chaque jour, les annales de la Société de sauvetage enregistrent des faits nombreux à l'honneur des petits sauveteurs, écoutez encore celui-ci :

Au mois de juin 1897, un désespéré de la vie s'était

LE COMMANDANT DU PRYTANÉE DÉCORANT LE JEUNE MANUEL

volontairement jeté dans le canal Saint-Martin à Paris.
Trois hommes, nageurs peu experts, s'étaient, cependant,
portés à son secours sans pouvoir le repêcher, car ils ne
savaient malheureusement pas plonger. Un jeune specta-
teur de treize ans, Léon Colomier, demeurant, 9, rue
Tiquetone, s'apercevant de l'embarras des trois hommes
qui abandonnaient déjà leurs recherches, piqua une tête
dans le canal, et, après un plongeon assez long qui parut
interminable aux spectateurs, réussit à reparaître à la
surface de l'eau, nageant vigoureusement d'un bras, pendant, que de l'autre, il ramenait au bord du canal le noyé
déjà asphyxié.

Des soins énergiques furent prodigués au malheureux
et le rappelèrent à la vie, tandis que le jeune Colomier,
se dérobant modestement aux ovations de la foule, courait chez ses parents pour changer ses vêtements mouillés.

Un bon et utile conseil doit terminer ce chapitre des
actes de courage et de dévouements accomplis dans ce
dangereux élément qu'on appelle l'eau ; il faut apprendre
aux enfants à nager dès qu'ils sont en âge de pouvoir le
faire. Ce genre de sport, outre qu'il constitue un exercice physique excellent, leur permettra de se tirer
d'affaire tout seuls quand ils auront fait une chute intem-
pestive dans un étang ou une rivière, ou de pouvoir
peut-être aussi à l'occasion, porter noblement secours à
un de leurs semblables, qui se trouverait en danger de
mort.

CHAPITRE VII

En hiver, un des plaisirs qui attire le plus les enfants, est celui qui consiste à aller faire de belles glissades sur la glace des ruisseaux, sur le bord des rivières, ou sur la surface gelée des étangs. Oh ! les joyeuses parties de rire, et comme il fait bon se laisser emporter par son élan, les pieds dans les sabots en bois ou dans des gros souliers ferrés ! On est bien vite réchauffé, et l'on s'en va ainsi, le plus loin possible, en donnant de bons coups de jarret qui vous impriment un élan vertigineux, et l'on glisse rapidement, tantôt debout, le nez au vent, tantôt assis, le corps ramassé sur les cuisses. Mais combien d'enfants téméraires s'en vont ainsi à l'aveuglette, sans se douter que ce tapis de glace si tentant, recouvre le plus souvent les dangers les plus grands, la noyade et la congestion par le froid ! Combien, sans écouter les conseils de leurs parents, leur désobéissent même, profitant de tous leurs

instants de liberté pour courir s'amuser à glisser en
bandes joyeuses, loin des regards des grandes personnes.

Aussi apprend-on fréquemment en hiver, la fatale
issue d'une de ces dangereuses parties de plaisir.

Pauvre mère, la voilà plongée dans la plus profonde
douleur! Son petit garçon, Jules, ce beau gamin de dix

COMBIEN DÉSOBÉISSENT

ans, était allé s'amuser sur la glace du canal du moulin.
Celle-ci n'était pas assez prise et assez forte pour supporter le poids de la bande de gamins qui s'y était donné
rendez-vous, se poussant, se bousculant avec des cris
de joie, elle s'est rompue sous leur poids, et le pauvre
enfant, au milieu de ses ébats, a disparu dans l'eau. On
l'a bien retiré quelques instants après, mais son petit
corps n'était plus qu'un cadavre glacé.

Quelquefois, effrayés de leurs désobéissance et du
malheur qui vient d'arriver, les gamins s'enfuient au lieu
d'appeler à l'aide et d'essayer de sauver leur petit camarade en danger de mort. En cela, c'est bien mal agir,
quelle que soit la faute que l'on ait commise, il ne faut
jamais hésiter, sous le prétexte honteux et pusillamine
de s'éviter une punition, à aller chercher du secours
auprès des grandes personnes. On évitera ainsi qu'il
n'arrive un affreux malheur dans le genre de celui qui se
produisit, le 12 février 1901, dans un petit village du
département du Cher.

Le soir, au sortir de la classe, plusieurs enfants de
Saint-Vitte s'étaient rendus sans permission, tout près
du village, sur une pièce d'eau assez profonde, dont la
surface était glacée, et sur laquelle, ils s'étaient mis à
faire de joyeuses glissades. Mais l'un d'entre eux, le petit
Auclair, âgé de cinq ans, s'étant imprudemment aventuré trop loin du bord, la glace se rompit tout à coup, et
l'enfant disparut dans un trou béant. Ses camarades
effrayés prirent aussitôt la fuite, sans chercher à porter
le moindre secours au petit malheureux ; et, craignant
une correction, ils se gardèrent bien de signaler l'accident à leurs parents. Ce ne fut qu'à la nuit, lorsqu'on se
fut aperçu au logis, de la disparition du jeune Auclair,
et après de multiples questions auprès des enfants désobéissants, qu'on finit par savoir la vérité. On retira aussitôt le petit noyé de l'eau, et on essaya de le ranimer, il
était malheureusement trop tard, l'asphyxie était com-
plète.

Peut-être, en étant informé aussitôt après l'accident,

aurait-on pu sauver à temps la pauvre victime infortunée,
et la rappeler à la vie, mais la fuite honteuse et le silence
coupable de ses petits camarades n'avaient permis de
connaître la vérité que beaucoup trop tard.

Ainsi donc, enfants, quand vous êtes témoins d'un
accident quelconque, que vous soyez en faute ou non,
n'hésitez jamais à appeler au secours, car votre silence
pourrait être cause des plus grands malheurs.

Mais le plus souvent aussi, le courage et le dévouement de l'un des petits désobéissants épargne aux pauvres
parents la douleur de perdre le jeune imprudent. Ce
genre de sauvetage sur la glace n'est pas des moins
dangereux à tenter. Voici d'ailleurs, quelques exemples
d'actes de dévouement accomplis dans des circonstances
pareilles.

Le 11 janvier 1882, des élèves du collège d'Epinal
étaient en promenade près de l'étang de Chanterennes.
Quelques jeunes enfants patinaient joyeusement sur la
glace unie, quand soudain un craquement sinistre se fit
entendre, suivi de cris de frayeur et de détresse. La glace
vient de se briser et les enfants affolés regagnent à la
hâte les bords de l'étang. Alors, on aperçoit un malheureux petit patineur qui se cramponne au bord du trou
dans lequel il est tombé.

Le jeune imprudent qui avait d'abord disparu sous l'eau
glacée, avait été assez heureux en remontant à la surface
pour atteindre en se débattant les bords de la couche de
glace brisée. Mais il est saisi par le froid, et appelle à
l'aide avec des cris déchirants car il se sent défaillir. A
cette vue, les promeneurs se sont arrêtés, en proie à la

plus violente émotion et se sont rapprochés des bords de
l'étang.

Tout à coup deux braves, deux élèves du collège,
Devenger et Drouot, n'écoutant que leur courage, s'aven-
turent hardiment sur la glace fendue de toutes parts autour
du trou et qui fléchit à tout moment sous leur poids.
Qu'importe à ces courageux enfants ! il s'agit de sauver
un de leurs semblables. Enfin, ils arrivent près de la
cassure dangereuse, sont assez heureux pour saisir l'imprudent, et parviennent à le retirer de sa périlleuse
situation. Les applaudissements des maîtres, des élèves
du collège et de tous les spectateurs les récompen-
sèrent de suite de leur acte de courageux dévouement
qui fut, quelques jours après, porté à la connaissance
du ministre de l'Instruction publique. Celui-ci leur
adressa bientôt, en outre d'une lettre officielle de félicitations, quelques beaux livres choisis, en récompense
de leur belle action.

Quelques enfants du village d'Altroff, dans la Moselle,
s'amusaient à glisser sur la glace d'un gué de la rivière,
où l'eau avait une profondeur de plus d'un mètre. Une
mince couche de glace qui miroitait au soleil, recouvrait
cette eau trompeuse. Fatigué de s'amuser sur les bords
avec ses camarades, un des gamins, Justin Gouget, se
hasarde un peu plus loin sur la glace qui se rompt tout
à coup sous ses pas. Le malheureux disparaît aussitôt
dans la rivière. On appelle au secours ! des hommes
accourent inquiets et embarrassés pour aller porter
secours à la pauvre victime dont on n'aperçoit plus qu'une
main cramponnée au bord de la couche de glace brisée.

Le petit Julien Antoiné a compris de suite que ce que des
hommes ne peuvent tenter à cause de leurs poids, lui
frêle et léger pourra le faire plus facilement peut-être.
Aussitôt, il se couche à plat ventre, de façon à répartir
le poids de son corps sur une plus large surface,
se glisse en s'aidant des mains et des pieds jusqu'au
bord de l'ouverture et a la joie de sauver son petit
camarade.

Savez-vous quelle fut la sublime et simple réponse de
ce brave sauveteur à son père qui lui reprochait sa témé-
raire entreprise ?

« Si j'avais fait comme les autres, Justin se serait
noyé. »

Le 23 janvier 1879, le général Forgemol de Bostquénard, qui commandait le département de Seine-et-Oise,
mettait à l'ordre du jour des troupes placées sous son
commandement, l'acte de courage et de dévouement
accompli par les jeunes enfants de troupe, Joseph-Louis
Page et Paul Villemin, de l'école préparatoire de Rambouillet.

« Le 17 janvier 1879, plusieurs élèves de l'école de
Rambouillet, pendant le cours d'une promenade, profi-
tèrent de l'absence momentanée d'un sergent surveillant
pour s'aventurer sur un étang glacé, dont la surface se
rompit tout à coup sous leur poids.

Cinq d'entre eux tombèrent dans l'eau, profonde de
deux mètres environ, et la plupart aurait infailliblement
péri, si un de leurs camarades, le jeune Page, très vigoureux et habile nageur, ne s'était jeté à l'eau et n'en avait

ramené successivement deux sur la rive, où il tomba
lui-même épuisé de fatigue.

Pendant ce sauvetage, deux autres enfants, aidés par
des camarades, avaient pu monter sur la surface glacée,
le cinquième avait disparu sous l'eau et sa mort était
certaine, sans le courage et la présence d'esprit vraiment
extraordinaires du jeune Villemin qui, ne sachant pas
nager, entra résolument dans l'eau, se dirigea vers l'endroit où son camarade avait disparu, et le tirant par les
pieds, put le ramener vers le bord où des soins énergiques
le rappelèrent à la vie.

Le général commandant le département de Seine-et-
Oise est heureux de joindre ses félicitations aux éloges
que M. le gouverneur de Paris le charge d'adresser aux
élèves Page et Villemin.

Il se fait un devoir de porter la belle conduite de ces
enfants à la connaissance des troupes stationnées sur le
territoire de Seine-et-Oise.

A Versailles, le 23 janvier 1879.

Le Général Commandant le département de Seine-et-Oise,

FORGEMOL DE BOSTQUÉNARD.

Une décision présidentielle accordait, le 7 mars 1879,
une médaille d'honneur en argent de 2ᵉ classe aux élèves
Page et Villemin en récompense de leur courageux dévouement.

Une vieille gazette de Paris, datée du 16 mars 1786,
nous a conservé le souvenir d'un sauvetage émouvant à la

suite duquel, le roi Louis XVI fit frapper une médaille
portative d'une grande valeur que le jeune sauveteur,
Joseph Chrétien, fut autorisé à porter constamment
à sa boutonnière, comme une décoration. Joseph

LOUIS XVI DÉCORE JOSEPH CHRÉTIEN

Chrétien est donc un des premiers Français qui, officiellement, aient eu l'honneur de porter une médaille
de sauvetage. Mais, reproduisons simplement le récit
de la gazette : « Le 27 septembre dernier, plusieurs

enfants jouaient au bas de la pièce des Suisses dans
les jardins de Versailles. Trois d'entre eux s'étant
avancés vers le canal, qui était entièrement glacé, la
glace rompit sous leurs pieds, et il tombèrent dans
l'eau. Un jeune cordonnier, nommé Joseph Chrétien, âgé
de dix-sept ans, fut attiré vers les bords du canal par les
cris d'un d'entre eux, qui, sachant nager, soutenait sa
tête hors de l'eau. Son premier mouvement fut d'aller
à leur secours ; mais ayant tâté la glace, il crut d'abord
que la tentative ne pourrait que lui être funeste, sans es-
pérance de succès pour les autres. Cependant ne pouvant
plus résister à l'impression que faisaient sur lui la situa-
de ces jeunes infortunés et les cris déchirants qui invo-
quaient son secours, il n'hésita plus. Il se précipita
dans l'eau glacée ; et ce ne fut qu'avec beaucoup de peine
qu'il parvint à les ramener successivement au bord,
à travers un chemin qu'il se frayait en brisant la
glace d'une main, tandis qu'il soutenait un enfant de
l'autre.

« Monsieur le baron de Breteuil, Ministre et Secrétaire
d'Etat, ayant le département de la Maison du Roi, a rendu
compte de ces circonstances à Sa Majesté, qui a ordonné
qu'on frapperait une médaille en or de la valeur de
1.000 livres, laquelle serait remise à Joseph Chrétien, en
l'autorisant à la porter constamment à la boutonnière.
Ce sera une distinction qui, en rappelant aux autres la
belle action qui la lui a méritée, sera en même temps pour
lui un avertissement continuel de ne jamais rien faire qui
démente cet honorable commencement de sa vie.

« La médaille qu'on vient de graver représente, d'un

côté, l'effigie de Louis XVI, et, de l'autre, cette inscription française.

> *Le Roi*
> *a décoré*
> *de cette médaille*
> *Joseph Chrétien*
> *Natif de Versailles*
> *âgé de 17 ans*
> *qui s'est courageusement*
> *précipité sous la glace*
> *et en a retiré trois enfants*
> *près de périr*
> *le vingt-sept septembre*
> *1786*

« Cette médaille honore également et la vertu courageuse qui s'en est rendue digne et la sage autorité qui sait ainsi récompenser la vertu. Joseph Chrétien a paru avec sa décoration, le 5 de ce mois, à la cour, où il a été accueilli avec une extrême bonté par Leurs Majestés, dont les bienfaits ne se bornent pas à la grâce distinguée qu'il vient de recevoir. »

Dans sa séance publique de l'année 1786, qui avait lieu le jour de la fête de Saint-Louis, l'Académie française décerna à Joseph Chrétien, le prix de la plus belle action, aux acclamations réitérées de toute l'Assemblée.

Certes, il est très agréable, enfants, de patiner sur une glace bien prise et bien unie, lorsqu'une forte gelée de plusieurs jours consécutifs a solidifié la surface des étangs, des mares, des canaux et des rivières. Le patinage est un exercice sportif charmant, mais il demande à être pratiqué avec de grandes précautions, et sous l'œil de grandes personnes. Avant de s'engager sur la nappe glacée, il faut

s'être bien assuré de sa solidité. Dans tous les cas, il est
toujours imprudent et dangereux de s'éloigner des bords,
surtout sur les grandes surfaces d'eau, quelque prises
qu'elles puissent paraître. Il existe, en effet dans presque
tous les étangs, des sources qui les alimentent. Comme
l'eau de ces sources n'a pas été en contact avec l'air exté-
rieur, elle conserve de la terre d'où elle sort, une certaine chaleur qui fait fondre au dessus d'elles, la couche
glacée de l'étang. Et, c'est ainsi que, sous le poids d'un
patineur imprévoyant, elle se brise souvent à cet endroit
par insuffisance d'épaisseur et laisse s'entro'uvrir un
gouffre mortel.

Ainsi donc, ne vous aventurez jamais à la légère sur la
glace, gardez les bords, et surtout n'allez jamais patiner
en dehors de la présence des grandes personnes. Un
plongeon de cette nature est toujours dangereux, soit
qu'un accident mortel se produise sur-le-champ, soit que
les suites d'un bain glacial ne vous fassent payer bien
cher, au détriment de votre santé, une désobéissance ou
une imprudence coupable de quelques instants.

CHAPITRE VIII

Et la pêche ! voilà encore un plaisir dangereux pour les
enfants, surtout lorsqu'ils ne savent pas nager. Et pourtant il n'y a pas de parents qui ne le défendent soigneusement à leurs bambins, mais ceux-ci ne savent souvent
pas résister au mal et à la désobéissance.

Il fait gai soleil, l'air est chaud, et l'on s'en va au loin
sur les bords de la rivière où l'on voit frétiller les goujons
à travers une eau claire et transparente. Tout entiers à
la joie de voir le poisson taquiner avidement l'hameçon,
ils ne font plus attention à leurs propres mouvements, et,
étourdiment, un faux pas survient, on glisse sur l'herbe
humide et l'on tombe à l'eau. Fort heureusement quelquefois les imprudents sont sauvés par de petits héros
courageux, poussés par les instincts touchants d'un cœur
généreux à se dévouer pour leurs semblables.

Deux jeunes enfants d'une douzaine d'années, Lazare
Menot et Andriot Guérin se promenaient un jour, de beau
printemps, dans les environs du village Lugy, charmante
petite localité du département de la Nièvre. Ils s'arrê-

tèrent bientôt pour voir sauter des grenouilles dans l'herbe
qui bordait un vivier profond aux pentes abruptes. Aussitôt l'envie leur prend de pêcher des grenouilles à la main.
C'est si amusant de saisir les petites bêtes craintives, au
repos, avant qu'elles ne puissent sauter à l'eau ; d'ailleurs
le vivier n'est pas très large, l'herbe haute cache les mouvements des petits pêcheurs, et assourdit le bruit de
leurs pas, l'image d'un danger quelconque n'existe pas
dans ces jeunes cervelles. Les voilà donc à la besogne,
marchant soigneusement sur la pointe des pieds pour ne
pas effaroucher les petites bêtes qui viennent dans les roseaux, respirer un peu d'air à fleur d'eau. Tout à coup, le
jeune Andriot entend pousser un grand cri auprès de lui.
Il se retourne effrayé et voit son camarade Lazare qui se
débat dans le vivier profond où il vient de glisser et va
certainement se noyer. Il appelle d'abord au secours, puis,
sans perdre sa présence d'esprit, il se cramponne à une
touffe d'herbes et de roseaux, se penche au-dessus du vivier et essaie de saisir son jeune camarade qui, à différentes reprises, coule et reparaît successivement. Après
plusieurs vaines tentatives, sans s'occuper de la fragilité
de l'appui qui cède peu à peu sous sa main, il a enfin le
bonheur de saisir son petit ami aux cheveux au moment
même où, pour la dernière fois peut-être, il remonte à la
surface de l'eau. Enfin rassemblant ses forces, se couchant à plat ventre, pour ne pas glisser à son tour, il retire hors du vivier et ramène sur le gazon son petit
camarade Lazare qu'il se met à frictionner énergiquement.
Le cœur du vaillant sauveteur battait bien fort dans sa
poitrine, car après bien des angoisses il était assez heu-

reux de pouvoir reconduire au village son jeune camarade
qu'il avait cru, un instant, perdu à tout jamais. Se pro-
mirent-ils d'être à l'avenir moins fous et moins imprudents? Après une pareille leçon, avec vous je le crois sans
peine.

Voilà deux jeunes petits Normands, l'un âgé de sept

VOILA UN JEU BIEN INNOCENT

ans, Emile Dodeman, l'autre de dix ans, Eugène Aguilon,
qui s'amusent à pêcher de petits poissons dans la jolie
rivière de la Sée. Imprudent comme les enfants de son
âge, le petit Emile Dodeman court sur les bords de la rivière, se penche sur l'eau et s'appuie sans précautions sur
les troncs de saule pourris qui bordent le cours d'eau. Un

de ces troncs vermoulus à la base cède tout à coup sous
la pression de l'enfant qui tombe dans la Sée. La rivière
n'est pas très profonde il est vrai, mais son courant est
très rapide et Dodeman, roulé par les eaux, ne peut parvenir à se relever il est entraîné vers un endroit où l'eau
dormante et plus calme indique certainement l'existence
d'un trou profond ; une mort inévitable l'y attend. Il va
périr, lorsqu'Eugène Aguilon se précipite à son secours
et arrive près de son jeune ami déjà à moitié asphyxié,
qu'il soulève aussitôt hors de l'eau. Mais ses faibles forces
ne lui permettent pas d'emporter son camarade. Alors,
avec un sang-froid incroyable, Eugène Aguilon recommande à son petit ami de lui saisir les deux bras, et, à
force d'énergie et de courage, réussit ainsi à le traîner jusqu'au rivage.

Le 19 décembre 1896, des enfants de l'école de Fran-
cheville, près d'Évreux, s'amusaient, au lieu dit Pont-de-
Gode, à lancer sur l'eau des petits bateaux en papier.
Voilà un jeu bien innocent, me direz-vous ? Certes, mais
ces jeux-là sont toujours dangereux surtout lorsqu'ils ont
lieu en dehors de toute surveillance, dans un endroit
semblable à celui où s'amusaient un certain nombre
d'enfants sur les bords de la rivière l'Iton, dont la profondeur était au moins d'un mètre et demi.

Trop préoccupé par ses jeux pour se rendre compte du
danger qui le guettait, le jeune Armand Malherbe glissa
bientôt sur l'herbe et tomba la tête la première dans la
rivière où il disparut entièrement sous l'eau. S'accro-
chant aussitôt à un frêle arbuste, le petit Blot, son camarade de jeu, à peine âgé de onze ans, se pencha en avant

sur l'eau, et réussit à le prendre par les cheveux au moment même où il reparaissait à la surface. Blot comprit aussitôt que le poids du corps de son petit ami était beaucoup trop lourd pour son faible bras, et il sentit bientôt qu'il ne parviendrait jamais à le sortir seul de la périlleuse situation dans laquelle il se trouvait. Mais avec une rare présence d'esprit, il réussit à lui maintenir assez longtemps la tête hors de l'eau, pour que les autres enfants, appelés par ses cris de détresse, eussent le temps d'accourir à son aide. Leurs efforts réunis furent heureusement couronnés de succès, et, bientôt, le pauvre petit Malherbe, à demi noyé déjà, était remonté sur la rive.

Après avoir raconté les exploits des petits garçons, passons à ceux de nos petites filles. Celles-ci ne le cèdent en rien en courage à leurs petits camarades de l'autre sexe. Vous allez pouvoir en juger d'après les récits véridiques que je vais vous faire sur quelques-unes d'entre elles.

En jouant sur le bord de la Seine, à Boulogne, un petit garçon de six ans tombe dans le fleuve large, profond et rapide.

Aussitôt une brave fillette de onze ans, nommée Augustine Vincent, se jette résolument dans la Seine qui à cet endroit est particulièrement profonde. Tout d'abord elle saisit par la casquette le gamin qui lui échappe et recule aussitôt. Plongeant à nouveau une deuxième fois, elle est assez heureuse cette fois, pour prendre le petit noyé par les vêtements. Nageant alors vigoureusement, elle reparaît à la surface de l'eau et ramène son précieux fardeau sur la berge, aux acclamations des spectateurs accourus en foule sur les rives de la Seine.

Augustine Vincent avait de qui tenir : bon sang ne ment en effet jamais. Sa mère, Mme Vincent, était titulaire de quinze médailles d'honneur, et sa sœur aînée avait déjà mérité une médaille de sauvetage. Voilà ce que l'on peut appeler une noble et courageuse famille.

En 1866, le Gouvernement décernait une médaille d'honneur à la jeune Anna Galli, âgée de treize ans, en récompense d'un acte de dévouement accompli dans les circonstances suivantes :

Le 27 juillet de cette année, un bambin de quatre ans, ayant échappé à la surveillance de ses parents, jouait seul au bord de la mer, au Mourillon, près du port de Toulon.

Au bout de quelques instants, l'imprudent petit enfant se hasarde sur une planche, installée en appontement, pour servir de débarcadère aux bateaux qui accostaient au rivage. Il était tout heureux de s'amuser ainsi à sautiller sur cette planche flexible, lorsque, tout à coup, il fait un faux mouvement et tombe à la mer assez profonde en cet endroit.

Des pêcheurs qui se sont aperçus de sa chute, mais qui se trouvent malheureusement trop éloignés pour voler à son secours, donnent cependant l'alarme par leurs appels de détresse. Plusieurs personnes accourent sur le rivage, mais par une fatalité sans égale nul des assistants ne sait nager. Alors une jeune fille de treize ans, nommée Anna Galli, n'écoutant que son courage et la pitié profonde qui a envahi son cœur généreux, bien que ne sachant pas nager elle-même, et gênée par ses vêtements, entre résolument dans la mer, et, après des efforts d'une incroyable

... ELLE PARVENAIT À LE RAMENER VIVANT SUR LE BORD

ténacité parvient à saisir le petit noyé et à le ramener vivant sur le bord de la mer.

Comment ne pas se sentir pénétré d'une touchante admiration pour une pareille héroïne. Quel sang noble et généreux bouillait dans les veines d'une enfant de cet âge !

En cette même année, 1866, la renommée signalait à l'admiration de tous, la conduite héroïque de la jeune demoiselle Fabvre, âgée de quinze ans.

De la fenêtre de la maison paternelle, à Bessèges, le 7 février 1866, elle est témoin d'un drame poignant.

Une femme Dubot, en traversant une passerelle jetée sur la Cèze, vient de laisser échapper la main de sa petite fille d'une huitaine d'années à laquelle elle faisait traverser la rivière. La mère, désespérée de ne pouvoir porter secours à sa pauvre enfant déjà entraînée par le courant rapide de la Cèze, se mit à appeler à l'aide.

Philippine Fabvre, qui a tout vu, descend en courant les escaliers qui conduisent du jardin de ses parents à la rivière, et se jette courageusement à l'eau. Après de vigoureux efforts elle atteint l'enfant qui se débattait dans le courant, et la ramène saine et sauve sur la rive, où elle la remet dans les bras de sa mère en larmes.

Tous les journaux ont raconté le courageux sauvetage accompli le 18 janvier 1901, à Bry-sur-Marne, par une jeune fille de quinze ans, Mlle Béraz, demeurant au Perreux, 105, chemin du Halage.

Une ménagère, Mme Brunichot, qui venait de laver son linge au bateau-lavoir Marquis, fut prise d'un étourdissement subit, au moment où elle traversait la passerelle qui relie les deux parties du bateau, et tomba dans la Marne, dont le cours est très profond.

La malheureuse coula d'abord à pic sous le bateau, sans qu'aucune des laveuses présentes se fut aperçue de l'accident.

Seule, une jeune fille de quinze ans avait vu la malheureuse victime tomber à l'eau.

Se trouvant sur un ponton voisin, Mlle Béraz se précipita rapidement sur la passerelle, et, avec le plus grand sang-froid, faisant preuve d'une rare présence d'esprit, elle s'allongea sur le ponton, et fut assez heureuse pour attraper la noyée par les cheveux, au moment où elle revenait à la surface.

Couchée à plat ventre sur la planche étroite, au risque de culbuter à son tour dans la Marne, elle maintint énergiquement Mme Brunichot, tout en appelant à l'aide.

A ses cris, plusieurs personnes accoururent, et l'aidèrent à retirer la malheureuse qui avait déjà perdu connaissance. Il était temps, d'ailleurs, car Mlle Béraz, à bout de forces, allait être entraînée avec celle qu'elle venait d'arracher à une mort certaine.

La pauvre noyée put être rappelée à la vie grâce aux soins énergiques qui lui furent aussitôt prodigués.

Quant à l'héroïne de ce sauvetage émouvant, elle fut longuement acclamée par tous les assistants qui la félicitèrent chaleureusement de son acte de dévouement.

Le jour même, une enquête était ouverte par les autorités, à l'effet de lui faire décerner une récompense honorifique. Voilà une jeune fille qui, certes, n'aura jamais porté d'aussi beau ruban que le ruban tricolore qui ornera sa jeune et courageuse poitrine.

CHAPITRE IX

LES INONDATIONS. — LA LOIRE. — LE RHÔNE. — LA. GARONNE. — FRAN-
ÇOIS CHOSSON. — LES INONDATIONS DE 1875 DANS LA VALLÉE DE LA
GARONNE. — PIERRE MASCARET COOPÈRE AU SAUVETAGE DE TRENTE-CINQ
PERSONNES. — LOUIS METZGER. — PIERRE SIREIX AU DÉBORDEMENT DE
LA SOUVIGNE.

Lorsque surviennent de grands orages et que les cata-
ractes du ciel s'entrouvrent pendant plusieurs jours de
suite, laissant tomber sans interruption des pluies dilu-
viennes, il arrive souvent, surtout au moment de la
fonte des neiges qui recouvrent les sommets des hautes
montagnes, que les habitants des vallées et des plaines
sont surpris par des inondations d'autant plus terribles
qu'elles se produisent avec une soudaineté qui n'a d'égale
que leur violence.

L'eau, qui arrive en grandes masses et par mille torrents formés sur les flancs des hauteurs montagneuses ou
des parties élevées de la région, fait déborder aussitôt
toutes les rivières et tous les fleuves qui serpentent à travers les plaines. Le niveau de l'eau ne tarde pas à s'élever rapidement à plusieurs mètres de hauteur.

Bientôt, une immense nappe roulante envahit les
champs, coupe les routes, rompt les digues, arrache les
moissons, déracine les arbres les plus robustes, sape les

fondations des maisons qu'elle finit souvent par démolir. Le fléau dévastateur s'étend au loin dans la plaine naguère si riante, emportant dans ses flots bourbeux tout ce qu'elle rencontre sur son parcours impétueux. Que de désastres alors, que de malheurs! les bestiaux surpris sont noyés dans les étables, les habitants dont la fuite a été rendue bien vite impossible par l'arrivée subite de cette marée furieuse, n'ont plus d'autre ressource que de se réfugier sur les toits de leurs maisons, en attendant les secours que sur la terre ferme, de braves et courageux citoyens organisent à la hâte.

Et, sous leurs yeux pleins de tristesse, de frayeur, les pauvres réfugiés voient passer des arbres entiers, des meubles, des débris de toute nature qui flottent épars, sur les eaux écumantes. Les regards sont aussi quelquefois attirés par le funèbre spectacle de corps d'hommes et d'animaux noyés, que le courant emporte au loin avec une vertigineuse rapidité.

Trois grands fleuves de France sont surtout tristement renommés à cause des terribles inondations qui désolent quelquefois dans d'effroyables cataclysmes, les vallées qui se trouvent sur leur cours.

La Loire, fleuve paisible en été, se change en un large et impétueux torrent au moment de la fonte des neiges ou de la débâcle des glaces. Jamais, en été, on ne pourrait croire, en la contemplant dans son lit large, encombré d'îlots verdoyants et de bancs de sable, coulant pour ainsi dire péniblement dans une profusion de petits ruisseaux, que ce beau fleuve peut se transformer, à certaines époques, en un torrent dangereux et funeste pour ses riverains. Le génie industriel des hommes a bien tenté de parer à ces catastrophes en limitant le cours du fleuve entre des digues magnifiques qui ont coûté des centaines de millions, mais la Loire en folie destructrice crève parfois ses barrières et s'épand alors en des inondations redoutables.

Le Rhône, qui descend des grands glaciers de la Suisse, remplit d'abord de ses eaux bleues le grand et beau lac de Genève qui sert pour ainsi dire de modérateur à son cours assez violent, mais il coule ensuite en France dans des défilés montagneux qui, en resserrant ses eaux dans un lit trop étroit, rendent bientôt à son cours son impétuosité première. Lorsqu'après avoir reçu le tribut de son important affluent la Saône il s'étale majestueusement dans la vallée qui s'étend entre les Cévennes et les derniers contreforts des Alpes, c'est un fleuve superbe, au lit profond, mais au courant encore rapide. Si la fonte des neiges survient brusquement sur les glaciers des hautes montagnes qui l'environnent de toutes parts, si ses affluents enflés outre mesure par mille torrents viennent le grossir à son tour, le Rhône impétueux déborde rapidement sur ses rives et toute la vallée qu'il traverse est ravagée par de dangereuses inondations. Que de désastres ce beau fleuve n'a-t-il pas causés ? Que de personnes ont trouvé la mort dans ces cataclysmes effrayants que des travaux de canalisation gigantesques peuvent avec peine parvenir quelquefois à enrayer.

C'est, cependant, au cours de la terrible inondation du mois d'août 1860, que le jeune François Chosson mérita, à l'âge de quatorze ans, l'honneur de recevoir du ministre de l'Intérieur, une médaille d'honneur en argent, pour avoir sauvé dans les eaux débordées du fleuve, un jeune enfant de son âge, Berthelon qui était entraîné par le courant et se trouvait en danger de mort. Aux applaudissements enthousiastes de la foule accourue pour l'admirer dans l'accomplissement de son acte de courageux dévouement, François Chosson ramena sur la rive, après bien des efforts, le corps inanimé du jeune Berthelon qu'il avait pu arracher à la mort au sein des eaux bouillonnantes.

Pour les mêmes causes que le Rhône, la Garonne qui vient des sommets des Pyrénées, soumet assez fréquemment les fertiles vallées qu'elle arrose à des débordements funestes, dont quelques-uns, comme celui de 1875, ont laissé des souvenirs aussi douloureux qu'inoubliables. C'est par centaines qu'ont été noyées les malheureuses personnes qui, surprises par le débordement subit du fleuve, n'ont pu fuir à temps devant les eaux furieuses qui envahissaient toutes les demeures et emportaient au loin leurs nombreuses victimes quand elles ne les ensevelissaient sous des ruines lamentables.

Pendant les inondations du mois de février 1855, qui désolèrent, d'une façon si affreuse, le département de Tarn-et-Garonne, un jeune enfant de quinze ans, nommé Pierre Mascarat, avait vu avec douleur périr sous ses yeux, son père et son grand-père, emportés par le courant de la Garonne en furie. Lui-même, resté pendant toute une nuit accroché à un arbre, échappa ainsi comme par miracle à une mort certaine. Sauvé par des bateliers le lendemain matin, le pauvre enfant, au lieu de s'abandonner à sa douleur, et loin d'être effrayé par les dangers auxquels il avait échappé, s'offrit aussitôt courageusement pour aider les braves citoyens qui se dévouaient pour le salut de leurs semblables. C'est ainsi qu'il put coopérer activement au sauvetage de trente-cinq personnes.

PÊCHEUR ET PETIT SAUVETEUR REVIENNENT AU RIVAGE

En récompense de son courage, de son abnégation et de son dévouement, Pierre Mascarat reçut du Gouvernement une médaille d'honneur en argent.

Un jeune enfant de six ans, Louis Metzger, qui devait se rendre célèbre en Alsace par ses nombreux actes de sauvetage, accomplissait le premier de ses beaux dévouements en l'année 1824.

14

Une inondation subite avait un jour envahi la vaste
plaine de Brumath dans l'ancien département français
du Bas-Rhin. Au milieu des débris de toutes sortes emportés par le courant, on pouvait voir un berceau en bois,
surnager au-dessus des flots agités. Louis Metzger sent
son petit cœur se serrer à cette vue. Quoi? personne ne
se dévouera donc parmi la foule des spectateurs émus,
pour aller chercher le pauvre petit bébé aux blonds cheveux qui vogue ainsi vers la mort la plus cruelle? Quant
à lui, son parti est vite pris, aussi entre-t-il résolument
dans le bateau qu'un pêcheur va diriger vers le berceau
dans lequel un tout petit enfant s'agite et crie. Au milieu
des plus grands dangers pêcheur et petit sauveteur parviennent cependant à hisser le berceau à bord de leur
bateau, et, après avoir failli plus de vingt fois chavirer,
reviennent heureusement sur le rivage où ils rendent aux
parents éplorés le cher trésor qu'ils avaient eu le courage
de ravir aux flots.

A la suite des pluies torrentielles qui marquèrent la fin
de l'année 1868, dans le département de la Corrèze, la
petite rivière la Souvigne avait grossi démesurément et
avait entièrement débordé de son lit, roulant des flots tor-
rentueux et dévastateurs sur ses rives naguère si paisibles.
Un jeune enfant d'une dizaine d'années, nommé Bourlioux, s'étant aventuré dans un jardin non encore com-
plètement submergé par les eaux, se vit tout à coup
menacé par une irruption subite de la rivière qui venait
de pénétrer dans le jardin par suite de l'écroulement d'une
partie du mur de clôture. La retraite lui est coupée.
Bourlioux effrayé monte sur un petit tertre et se met à

pousser des cris désespérés. A son appel, un de ses
jeunes camarades, âgé de onze ans, le petit Pierre Sireix,
n'écoutant que son courage, se précipite à son secours.
L'eau monte, toujours, boueuse et bouillonnante, elle
atteint au-dessus de ses reins, sa marche est trébuchante,
il lutte avec peine pour franchir l'espace qui le sépare de
Bourlioux épouvanté. Mais le petit sauveteur, sans perdre
un seul instant son remarquable sang-froid, s'aidant des
branches d'un gros arbre qui est venu, roulé par le torrent, s'échouer momentanément dans le jardin, parvient,
cependant, après des efforts énergiques à atteindre son imprudent camarade. Avec un courage vraiment viril et une
force de caractère incroyable chez un enfant de cet âge, il
force son camarade Bourlioux, transi de peur, à s'engager
avec lui sur les branches vacillantes de l'arbre, et il a le
bonheur de le ramener ainsi hors du courant, le sauvant
presque malgré lui d'une mort affreuse.

Il était temps, d'ailleurs, car, quelques instants après, le
tertre sur lequel Bourlioux s'était réfugié, ainsi que l'arbre
tutélaire dont les branches leur avaient servi de pont de
fortune, disparaissaient emportés par le courant.

C'est à l'occasion de cette belle action, que Pierre
Sireix recevait, le 6 juillet 1869, la lettre suivante du
Ministre de l'Instruction publique.

MON CHER ENFANT,

J'ai été informé du dévouement dont vous avez fait
preuve en sauvant un de vos camarades qui se noyait dans
la rivière de la Souvigne. Je vous envoie un livre relié,

comme témoignage de la satisfaction que m'a causée votre courageuse conduite.

Recevez, en même temps, mon cher enfant, mes félicitations.

Le Ministre de l'Instruction publique,

V. DURUY.

Au jeune Pierre Sireix, élève de l'école publique de Forgès (Corrèze).

CHAPITRE X

Nous venons de voir les accidents auxquels les enfants s'exposaient en jouant imprudemment sur le bord des mares, des canaux, des étangs et des rivières, et c'est avec joie que nous avons pu relater dans ces accidents si différents, le récit des hauts faits de jeunes sauveteurs dont les noms sont immortels dans les annales du dévouement à l'humanité.

Mais combien sont également nombreux les accidents qui se produisent à la mer !

Quand l'Océan se soulève en tempêtes effroyables, quand les éléments sont déchaînés, il est bien rare qu'ils se soient calmés dans leurs fureurs, sans avoir causé la mort de bien des victimes. Que de veuves, que d'orphelins ne fait-elle pas ? que de deuils, l'implacable mer ne réclame-t-elle pas tous les jours au genre humain comme un funèbre tribut ?

Néanmoins, même en face de cette mer toujours avide de nouvelles victimes, contre lesquelles elle déchaîne sans cesse ses tempêtes les plus furieuses, l'homme courageux

n'hésite pas à risquer sa vie pour voler au secours des
malheureux naufragés. Il ose entrer froidement en lutte
avec les éléments en furie, et, pour arracher son semblable
à la mort affreuse, il court lui-même courageusement au
devant de cette mort.

La charité, l'amour du prochain, seuls, sont capables
d'inspirer de tels dévouements à l'humanité.

Mais, si l'homme qui risque noblement sa vie pour ses
semblables est digne d'éloges, combien plus ne le sont pas
les braves et héroïques enfants qui, sans douter de leurs
faibles bras, n'hésitent pas à affronter les dangers de la
mer pour lui arracher parfois des victimes infortunées ;
mais des accidents funestes ne se produisent pas seulement pendant la tempête, souvent aussi, par un temps
calme et serein, par une mer étale qui vient mourir
paresseusement sur la grève, de paisibles baigneurs sont
entraînés par des courants sous-marins, ou saisis par des
crampes inopinées et des malaises inattendus, ou bien
encore, roulés, brisés tout à coup par une de ces lames
sourdes qui s'élèvent brusquement du sein de l'Océan et
écrasent sous leur masse mugissante les malheureux
qu'elle surprend. D'autres personnes, en se livrant à la
pêche ou au canotage, sont précipitées brusquement à la
mer par suite d'un accident fortuit, arrivé à leur embarcation. Tous les ans, au moment de la saison des bains de
mer, quand, au plus fort de l'été, les belles plages françaises sont si fréquentées de l'Atlantique à la Méditerranée, on voit presque quotidiennement dans les journaux,
la relation attristante de fréquents accidents mortels sur-
venus à des baigneurs.

Et ce n'est pas sans raison que les plages balnéaires
sont toujours surveillées par des maîtres baigneurs montés
dans des canots qui circulent à quelque distance du rivage,
car, même les meilleurs nageurs peuvent être à l'improviste sujets à des accidents graves qui mettent leur existence en péril.

ILS VENAIENT D'ATTEINDRE CE RADEAU

Au mois de septembre 1859, pendant une des hautes
marées de l'équinoxe, plusieurs baigneurs bravaient un
courant violent pour atteindre le radeau de repos, généralement mouillé dans la plupart des établissements de
bains, à une centaine de mètres du rivage.

Deux jeunes gens, Charles de la Gatinerie, âgé de quinze
ans, et sa sœur Isabelle, un peu moins âgée que lui,

venaient d'atteindre ce radeau et s'y reposaient depuis quelques instants, lorsqu'ils aperçurent tout à coup, à quelques mètres d'eux, un autre baigneur qui se débattait désespérément dans l'eau sans pouvoir avancer. Aussitôt, Charles de la Gatinerie se précipite sans hésiter à son secours, et essaie de le charger sur ses épaules. Mais ses forces trahissent sa noble volonté, le noyé l'étreint. Ils luttent tous deux, et tous deux vont bientôt succomber, lorsque Mlle de la Gatinerie, arrive à leur aide, dégage son frère épuisé par la lutte, et soutient à son tour le noyé jusqu'au moment où le bateau de sauvetage vient leur porter secours. Par un dernier effort, la courageuse jeune fille remonte le noyé à fleur d'eau, et, pendant qu'on le hisse à bord, elle se cramponne au bordage opposé, pour empêcher la barque de chavirer. On remonte également dans le canot, le brave Charles de la Gatinerie, épuisé, mais quand on peut s'occuper enfin de la jeune fille, celle-ci, évanouie, s'est tellement cramponnée au bordage du bateau, qu'il est impossible de lui faire lâcher prise ! On est obligé de la traîner ainsi à la remorque, jusqu'au rivage où des soins empressés la rappellent à la vie.

Alors le frère et la sœur se jettent dans les bras l'un de l'autre, aux acclamations et aux applaudissements de la foule des baigneurs, pendant que le malheureux nageur, arraché à la mort grâce à leur courage et à leur dévouement, verse des pleurs d'attendrissement et de reconnaissance.

Cependant le succès ne récompense pas toujours d'aussi nobles dévouements ; et c'est ce qui rend encore plus nobles et plus grands, ces actes admirables de courage civique.

Ecoutez l'histoire si triste, arrivée à Treddez, dans le département des Côtes-du-Nord, le 22 février 1878.

Un pauvre marin nommé Joseph Allain, était parti ce jour-là, avec ses deux fils Christophe, âgé de quinze ans, et Louis, âgé de quatorze ans, à la pêche du goëmon sur le Goas-Ribot, un énorme rocher tout verdâtre, où la récolte promettait d'être très abondante.

Les pêcheurs ne sont généralement pas des gens bien fortunés et malheureusement encore, leur champ de travail est trop souvent agité par le vent ou la houle, pour leur permettre de gagner d'une façon régulière le pain nécessaire à l'existence de familles nombreuses. Aussi savent-ils profiter avec bonheur de toutes les occasions qui se présentent à eux de pouvoir amasser quelqu'argent, si rude pourtant que soit le labeur imposé.

Les pêcheurs de goëmon vont habituellement faire leur récolte, dans un gros bateau avec lequel ils se rendent près de l'endroit où ils doivent se mettre à leur travail, ils jettent alors l'ancre à une certaine distance des rochers sur lesquels ils vont ensuite aborder en se servant de la plate, sorte de radeau assez large pour pouvoir supporter un chargement parfois considérable. La plate est accrochée aux roches recouvertes de goëmon et les pêcheurs, après avoir vérifié la solidité de leurs amarres, atterrissent joyeusement pour faire leur récolte. C'est sur la plate qu'on arrime avec soin le varech et le goëmon de façon à placer le chargement dans un équilibre parfait. C'est là une opération délicate, qui demande à être faite par des gens expérimentés. Puis le radeau, manœuvré avec prudence à l'aide de perches, est ramené auprès du bateau que l'on charge.

Lorsque le temps est serein, la mer calme, la plate fait sans encombre de nombreux voyages, jusqu'au bateau et alors, le pauvre pêcheur de goëmon se réjouit, car il y aura du pain assuré pour la maisonnée pendant quelques jours. Mais, si par malheur, la mer grossit, si les lames deviennent un peu fortes pendant l'opération, la manœuvre de la plate est rendue des plus difficiles, très périlleuse même, et il arrive fréquemment des accidents aux pauvres pêcheurs de goëmon. Le radeau, dont le chargement est fait en hauteur, a, par ce fait même, une tendance à chavirer trop facilement. Les pêcheurs n'ont alors d'autre ressource que d'abandonner le travail et de retourner au bateau en fuyant devant le gros temps, ou bien, si les besoins sont urgents, de recommencer à leurs risques et périls la récolte lorsque celle-ci est allée au fond de la mer.

C'est un accident de cette nature qui causa deux malheurs épouvantables à ce pauvre pêcheur nommé le père Allain. Pendant la récolte, les lames étaient devenues subitement très mauvaises, une forte houle s'était élevée au cours de l'opération, et la plate versa à la moitié du trajet qui séparait son bateau des rochers sur lesquels il avait fait sa récolte en compagnie de ses deux fils. Pour des gens habitués à la mer comme étaient les Allain, ce n'était au bout du compte qu'un petit malheur qui leur était quelquefois arrivé. Tous trois dans leur rude et pénible métier savaient nager,

SI PAR MALHEUR LA MER GROSSIT...

et, une lame aidant, le père Allain atteignit facilement le rocher, bientôt rejoint par l'aîné de ses fils.

Celui-ci, à peine hors de danger, se retournait pour voir arriver son cadet. Mais, ô terreur! il s'aperçoit qu'il est drossé par le courant et ne peut plus avancer malgré tous ses efforts. Il saute aussitôt à la mer, et se porte à grandes brasses au secours de Louis, dont les forces déclinent rapidement. Il charge son jeune frère sur son dos, et, ne voulant plus retourner vers le rocher contre lequel les lames déferlent avec trop de violence, il se dirige vers le bateau qui est mouillé dans une mer un peu moins houleuse. Hélas, une lame les sépare subitement l'un de l'autre. Louis, après avoir essayé de nager encore, se cramponne tout à coup à son frère aîné, paralyse ses mouvements, et le père Allain, désespéré, a la douleur de voir périr sous ses yeux avant d'avoir pu leur porter secours : Christophe, victime de son dévouement fraternel, et le pauvre Louis, cause involontaire de ce malheur. Ses pleurs et ses sanglots attirèrent l'attention d'autres pêcheurs qui vinrent bientôt le chercher sur le rocher et le ramenèrent à son bateau.

Le soir, quand le vieil Allain rentra au logis désert, il tomba évanoui, les bras étendus, devant le grand coffre vide dans lequel couchaient autrefois ses deux fils bien-aimés.

Oh! ces hommes de mer! quels rudes caractères ils ont, quels grands cœurs, quelles natures solidement trempées! Qui les a vus à l'œuvre ne peut éprouver pour eux qu'un sentiment d'invincible admiration.

Dans leur métier, dur autant qu'ingrat, pénible,
autant que peu lucratif, toujours en lutte avec l'implacable Océan, ils acquièrent un esprit d'abnégation, de
courage et de dévouement à toute épreuve. Il faut lire
les touchantes annales de la Société de sauvetage en
France, pour sentir son cœur palpiter d'orgueil et de
fierté, au récit des exploits de ces hardis sauveteurs qui,
au premier appel du danger, s'élancent dans les flots
courroucés pour porter secours aux navires en perdition
en mer.

Tout dernièrement, un des bateaux de sauvetage d'une
de nos côtes bretonnes si fertiles en sinistres maritimes,
partait par une épouvantable tempête à la recherche
d'un navire naufragé dont les guetteurs du sémaphore
venaient d'annoncer la périlleuse situation, par le signal
funèbre du pavillon noir ! Quand le courageux équipage
arriva sur le lieu du naufrage, la mer démontée avait
déjà englouti sa proie. Le navire naufragé avait été
démoli par les vagues, brisé comme un fétu de paille
contre les dangereux récifs de la côte. Eh bien !
enfants, dans ce chaos épouvantable de vagues furieuses,
au milieu de cette tourmente infernale, croyez-vous que
ces vaillants pensèrent un seul moment, puisque tout
était consommé, à regagner aussitôt leur port de refuge ?
C'est peu connaître le roc qui garnit ces vaillantes poitrines de marins. Ils se mirent sans hésiter à rechercher
longtemps encore les corps des malheureux naufragés,
au risque de voir leur frêle embarcation submergée à son
tour, brisée, anéantie par les lames énormes qui s'entre-
choquaient et s'écrasaient autour d'eux. Ce ne fut qu'après

de longues et vaines recherches, qu'épuisés de fatigue, attristés de leur insuccès, ils regagnèrent le port, presque honteux, ces héros, de n'avoir pu réussir à ramener avec eux, un seul de leurs semblables arraché à la mer.

Avec de tels maîtres, les élèves sont toujours dignes d'un aussi noble enseignement! Fils de marins, fils de pauvres pêcheurs ou petits mousses, rivalisent à qui mieux mieux, pour imiter et dépasser souvent leurs maîtres et leurs parents dans cette généreuse carrière du dévouement à l'humanité. Ils ont cela dans le sang, et le danger les attire plutôt qu'il ne les effraye.

Le père est mort, un sombre soir d'automne que la cloche d'alarme tintait lugubrement pendant la tempête, et que, sur la jetée, balayée par les lames furieuses, les femmes attendaient en pleurant. Et, le petit moussaillon est allé plusieurs jours de suite, avec la pauvre veuve en deuil, scruter douloureusement les anfractuosités des rochers de la côte, au pied desquels la mer calmée maintenant, vient expirer doucement en petites vagues qui s'étalent sur le sable fin. Le gouffre avait gardé sa proie.

Mais l'orphelin a grandi depuis cette nuit de funèbre tempête, et il s'est toujours rappelé avec fierté que son père était mort au champ d'honneur. Il s'est alors senti riche de l'héritage d'honneur qui lui avait été légué.

Un soir d'hiver que la cloche d'alarme s'est encore mise à tinter lugubrement dans les ténèbres, que les femmes et les mères se sont portées en tremblant sur la jetée, le mousse de quinze ans a sauté à la hâte dans le canot de sauvetage pour compléter une équipe de héros!

Hélas! l'Océan avait pris le père, il engloutit également ce soir-là, le fils, et les réunit à jamais dans la bienheureuse et glorieuse éternité de ceux qui sacrifient leur existence pour sauver celle de leurs semblables. Arraché de son banc de rameur par un violent paquet de mer, il avait disparu, emporté dans la tourmente, avec deux de ses braves compagnons, comme lui, nobles victimes du devoir.

Oh! ces petits mousses! oh! les braves enfants! Comme leur vie est pénible, comme l'existence leur est dure dès le début de la vie! Et pourtant chez eux, combien grands sont déjà l'esprit d'abnégation, de dévouement et de sacrifice. Point de basses rancœurs, point de révoltes chez ces pauvres petits, souvent abandonnés de tous, sans parents, sans asile, maltraités souvent, parce qu'ils n'ont plus de protecteurs naturels. A cette école, ils deviennent rapidement des hommes faits, et sur nos côtes, sans cesse attaquées par la mer en furie, au milieu de ces roches étreintes, effritées par les morsures salines de l'Océan, germe et grandit toute une légion de jeunes héros !

Dans leurs poitrines d'enfants, déjà robustes, deux seuls mots font battre leurs jeunes cœurs de marins français : devoir et dévouement. Ces deux sentiments les possèdent entièrement. Je veux vous en raconter un exemple, la vie et la mort d'un petit martyr de l'existence, qui fut aussi une noble et courageuse victime du devoir.

Dans le cimetière d'un petit village des côtes de l'Océan,

UN MARIN SORTANT DE L'AUBERGE S'ARRÊTA DEVANT LUI

16

on lit, sur une modeste pierre tombale, la simple et touchante épitaphe que voici :

PIERRE BOZEC,
Mousse de la marine marchande
Mort en opérant le sauvetage
Des dix-huit hommes de l'équipage
Du chasse-marée Sancta-Maria.

Le petit Pierre, orphelin à l'âge de huit ans, vivait de la charité des pêcheurs et des modiques salaires qu'il gagnait quelquefois en leur rendant de petits services. Un jour que l'enfant était assis à la porte d'un cabaret de matelots et s'amusait à tailler avec son couteau un petit bateau dans un morceau de bois, un marin sortant de l'auberge s'arrêta devant lui pour le regarder travailler. Frappé de l'air éveillé de l'enfant, il se mit à le faire causer. Pierre Bozec lui ayant dit qu'il était seul au monde, et n'avait qu'un seul désir c'était de naviguer, le matelot l'emmena avec lui et le présenta au capitaine du chasse-marée *Sancta-Maria*, en partance le jour même pour une croisière sur les côtes de France et d'Espagne. La place de mousse était libre, par hasard, à bord de ce bateau, Pierre fut aussitôt agréé et embarqué. Mais le capitaine de la *Sancta-Maria* était un ivrogne, et son second, le plus méchant homme que la mer eût porté. Jaloux de son autorité, le second, qui avait été froissé de ce qu'on ne l'eût pas consulté au sujet de l'admission de Pierre, en fit, dès le premier jour, son souffre-douleur. Coups, horions, insultes grossières, mauvais traitements, rien n'était épargné au pauvre mousse, qui était devenu bientôt le jouet de tous les hommes de l'équipage. Pierre Bozec supportait tout patiemment sans se plaindre, l'adversité avait déjà mis un cœur d'homme dans cette poitrine d'enfant. Il se consolait en pensant qu'il avait le bonheur d'apprendre son métier favori, et que, dans quelques années, il pourrait se dire un vrai matelot.

Deux ans, il navigua sans avoir d'autre idée que celle de faire son devoir et d'apprendre au plus vite son rude et pénible métier.

Or, un jour du mois de février de l'année 1884, que la *Sancta-Maria* rentrant en France pour être désarmée, naviguait par un gros temps à hauteur de la pointe du Corsen, le chasse-marée fut entraîné par le courant, et, sous les rafales furieuses d'un vent violent, vint toucher tout à coup sur des rochers, à une centaine de mètres de la côte.

Le navire, talonnant sur les récifs, fut bien vite en perdition ; quelques instants encore, et les vagues allaient le briser et le démolir. Quant à l'équipage, il était voué tout entier à une perte certaine, car la mer s'était levée furieuse, avec la marée montante. Sur la côte, de hardis pêcheurs essayaient vainement de mettre à l'eau une barque pour établir un « va et vient » entre le navire naufragé et le rivage. C'était folie! La barque aurait été de suite engloutie dans les flots, et, découragés, les sauveteurs témoignaient de leur impuissance par leurs gestes désespérés.

A bord, le capitaine voulut néanmoins tenter d'envoyer une corde au rivage ; le vent portant les lames vers la

terre l'opération ne pouvait réussir que si elle était
entreprise par quelqu'un de l'équipage même. Mais les
matelots sont hésitants. Avec une mer aussi démontée,
les vagues déferlent avec tant de furie que c'est aller à
une mort certaine que de se dévouer dans de pareilles
conditions.

Tout à coup, Pierre Bozec, le petit martyr de dix ans,
le mousse battu, honni naguère de tout l'équipage, se
précipite vers le capitaine, enroule le bout de l'amarre
autour de ses reins et se jette courageusement à la mer,
avant même que les marins surpris eussent eu le temps
de lui exprimer leurs témoignages d'admiration. Après
des efforts surhumains, vingt fois roulé par les lames,
vingt fois englouti par elles, le pauvre mousse arrive
enfin auprès du rivage. Mais, au moment d'atterrir, une
vague énorme déferle sur lui, le roule comme un fétu
de paille, l'emporte, écumante, et le précipite avec violence sur les rochers contre lesquels il s'écrase, le pauvre
mousse, ensanglanté, le crâne brisé.

Les pêcheurs détachèrent en pleurant la corde de salut
autour des reins du vaillant héros, et le sauvetage s'opéra.

L'enfant venait de noblement sacrifier sa vie pour sauver l'existence des hommes de l'équipage qui l'avaient
tant fait souffrir, depuis deux longues années.

L'histoire du jeune Alfred Perret, mousse de treize
ans, à bord du brick goëlette la Reprise, n'est pas moins
belle et noble, bien qu'assurément moins triste dans
son dénouement. Sa noble action a valu au jeune
mousse l'honneur d'obtenir de l'Académie française
le prix Montyon en l'année 1857.

Par une forte brume du mois de décembre 1856, la
goëlette *la Reprise*, naviguait sur la Méditerranée, non
loin des côtes de France. Le petit navire était monté par
trois matelots; deux novices et le jeune mousse
Alfred Perret. L'un des matelots malade depuis plusieurs jours et alité dans le poste étroit de l'équipage ne
pouvait plus se mouvoir. C'était cependant notre petit
héros qui, consacrait ses moments de loisir à lui donner
des soins empressés.

Tout à coup un craquement sinistre se fait entendre ;
des cris de détresse partent aussitôt de la goëlette qui
vient d'être abordée par un grand brick auquel elle reste
accrochée pendant quelques instants. Le capitaine
affolé, croyant son navire perdu et prêt à couler, saute à
bord du brick suivi de deux matelots et des deux novices.
Perret, le brave petit mousse ne songeant qu'à son
malade qu'il ne veut pas abandonner, les laisse partir,
et, lorsque le dernier cordage ayant été coupé, le brick
a repris à toutes voiles sa route vers Marseille, le noble
enfant se précipite vers le pauvre matelot malade qu'on
avait oublié et qui fou de terreur avait quitté son hamac
et s'était traîné jusque sur le pont. Aussitôt, il l'installe
du mieux qu'il le peut au milieu de couvertures, et seul
avec ses faibles moyens, en suivant les conseils du vieux
loup de mer, il supplée à tout l'équipage pendant près de
trente-six heures. Après bien des péripéties, la brume
s'étant heureusement dissipée, Perret peut enfin assurer sa
direction de la goëlette qui arrive bientôt en vue du
port d'Agde. Il était temps. Le courageux petit mousse,
épuisé de fatigue, allait, malgré toute son indomptable

énergie, voir ses faibles forces trahir son courage et son
dévouement.

Le noble héros qui n'avait pas voulu quitter son
navire abordé en pleine mer, pour sauver l'existence
d'un malade abandonné de l'équipage ne mérite-t-il pas
l'admiration de tous? Capitaine improvisé à treize ans, il
avait puisé, dans son courage et dans son profond sentiment du devoir, les moyens de ramener seul, la goëlette
la Reprise à bon port. Le sentiment du dévouement
sublime pour son semblable s'était doublé chez lui
de celui de l'accomplissement du devoir professionnel.

Dans une vieille gazette publiée pendant la Révolution
française, nous avons lu le fait divers suivant dont
tout commentaire affaiblirait la simple grandeur.

« Le 28 ventôse an IV, un matelot tomba à la mer
dans le port d'Étaples et allait infailliblement périr,
lorsque Jean-Marie Laidé, âgé de quatorze ans, ne con-
sultant ni ses forces ni le danger, se précipita après ce
marin, l'atteignit, et lui soutint la tête hors de l'eau
jusqu'à ce qu'on lui eût apporté du secours. »

Nous pourrions ainsi sans peine, multiplier les exemples
remarquables de dévouement qui nous sont fournis par
cette catégorie si intéressante et si digne d'éloges : les
petits mousses ! Mais, pour être juste, il faudrait pour
ainsi dire les citer tous !

Et, pourtant, ils n'attendent rien, ces pauvres enfants
comme récompense matérielle ; ils sont généralement
pauvres et leur seul bonheur existe naturellement, instinctivement accepté pour ainsi dire, dans la noble
satisfaction du devoir accompli. Aussi faut-il les admirer

sans réserve, et, lorsqu'on apprend la nouvelle de catastrophes maritimes, sinistres effrayants sur les côtes de
notre beau pays de France, il faut se laisser attendrir,
il faut songer avec émotion à ces pauvres orphelins
dont les mères sont le plus souvent dénuées de ressources. Donne-leur donc largement, quand vous les
savez dans le deuil et dans la peine, envoyez-leur votre
obole sans compter, car, en le faisant, vous secourez des
malheureux les plus dignes d'intérêt et vous aidez à conserver à la France, notre chère Patrie, une race de
croyants, forte, aux nobles sentiments. En les aidant
de votre bourse, vous tous qui ne manquez de rien, vous
concourrez à entretenir charitablement cette pépinière
de hardis sauveteurs qui font notre gloire et notre
orgueil.

Enfants de France qui aimez tant à vous costumer
en gentils petits marins, souvenez-vous que ceux dont
vous portez la tenue, sont, pour la plupart, des êtres
pauvres, privés de toutes ressources et qui sont souvent
obligés, malgré leur jeune âge, de travailler d'un rude
labeur pour pouvoir remplir les fonctions importantes
de chef de famille parce que pour beaucoup d'entre eux,
le père est mort au champ d'honneur de la marine
française.

Souvenez-vous dans vos ébats, lorsque vous jouez au
marin, que ce métier est pénible et dangereux et que
ces braves gens qui aiment leurs semblables au point
de leur sacrifier des existences précieuses, si nécessaires
pourtant à leurs pauvres familles, sont souvent éprou-
vées. Vous tous qui avez du superflu, envoyez-leur votre

obole, et vous en serez récompensés par les remerciements sincères de ces gens de mer qui n'ont qu'une crainte au monde, c'est de manquer à la charité chrétienne et au devoir civique, en ne se dévouant pas en toutes circonstances, au péril de leur vie, pour arracher à la mer profonde et mauvaise les victimes qu'elle réclame chaque jour au genre humain.

CHAPITRE XI

Nous venons d'exposer tous les dangers auxquels l'eau
ce terrible élément, qui couvre les trois quarts de la
superficie de notre globe terrestre, exposait continuel-
lement notre pauvre et chétive humanité. Sur terre comme
sur mer, nous avons été édifiés le courage civique de
nos enfants de France. Avec vous, nous avons admiré le
grand cœur, l'abnégation et le dévouement de ceux qui,
enfants encore, n'hésitaient pas un seul instant à entrer
en lutte avec lui pour lui arracher de nombreuses victimes. Mais combien l'autre élément dévastateur, le feu,
n'est-il pas plus terrible et dangereux pour nous, lorsqu'il exerce subitement ses ravages? Combien ne dévore-
t-il pas de malheureux, combien ne cause-t-il pas de
ruines et d'infortunes navrantes, cet autre fléau du
genre humain, quand il éclate à l'improviste dans nos
demeures, dans nos ateliers et nos usines? Aussi est-ce
contre lui que l'homme civilisé a rassemblé tous les
moyens les plus perfectionnés de combat.

Dans nos villes et nos villages, une des parties les

plus importantes de nos administrations civiles est celle qui a trait à l'organisation des secours contre l'incendie. La plus petite localité possède sa compagnie ou sa modeste section de sapeurs-pompiers, composée d'hommes courageux, volontairement enrôlés pour marcher à toute heure du jour et de la nuit contre cet élément dévorant, qui, en quelques heures, embrase et détruit des maisons entières, ruine de malheureuses familles et cause souvent la mort de bien des victimes. Quand le tocsin tinte lugubrement, quand le clairon fait entendre la sonnerie du feu, tous les habitants se précipitent sur les lieux du sinistre, hommes femmes et enfants, viennent combattre à l'envi, le redoutable et détesté fléau. Les pompes sont mises en batterie, les échelles sont dressées contre les murs, et vite aux seaux, on court, on crie, on se hâte ; de courageux citoyens grimpent sur les toits pour déverser dans le foyer de l'incendie des torrents d'eau. D'autres pénètrent dans les appartements déjà embrasés pour essayer de sauver les hardes et les meubles, et, s'il y a des personnes en danger, n'hésitent pas à pénétrer jusqu'au milieu des flammes pour les arracher à la mort. Il faut un courage au-dessus de tout éloge, pour se jeter dans ces brasiers, au milieu de la fumée qui aveugle et suffoque, pour aller opérer de sang-froid un périlleux sauvetage.

Eh bien, de ces fournaises ardentes, de ces brasiers épouvantables, on voit ainsi sortir des enfants, emportant dans leurs bras de précieux fardeaux. Ils sont quelquefois si jeunes, si chétifs, qu'ils plient sous le faix : l'âge n'y fait rien quand on a du cœur.

Il y a quelques années, un enfant de six ans s'honorait à l'égal d'un héros pendant un incendie qui détruisit la maison de ses parents. Voici les faits dans toute leur simplicité et leur grandeur.

Dans les derniers jours du mois de novembre 1895, les époux Leclerc, modestes cultivateurs du village de de Blaringhem, de l'arrondissement d'Hazebrouck, dans le département du Nord, étaient allés travailler aux champs, en laissant, comme d'habitude, leurs trois enfants seuls au logis, sous la surveillance de leur fille aînée âgée de treize ans. Quelques instants après leur départ, Juliette Leclerc étant sortie par hasard dans la cour, s'apercevait avec terreur que le feu dévorait la toiture de leur pauvre chaumière. Affolée tout d'abord par la vue des flammes, elle entre dans la maison et en ressort précipitamment, suivie de son jeune frère âgé de six ans. Les deux enfants s'étaient mis à crier sur la route, lorsque tout à coup le gamin se rappelle que sa petite sœur est restée seule, couchée au berceau dans la maison où l'incendie commence à faire rage. Le courageux petit Prosper y entre aussitôt, et malgré l'épaisse fumée qui l'étreint à la gorge, sans avoir peur des flammes qui l'entourent de toutes parts, court au berceau de sa sœur. Trop petit de taille, il ne peut malheureusement atteindre l'intérieur du lit où repose sa sœurette, et, cependant, l'incendie augmente sans cesse de violence autour de lui. C'en est donc fait? son dévouement fraternel sera-t-il donc inutile? C'est bien peu connaître la bravoure et le sang-froid de notre petit héros. Par un trait sublime de présence d'esprit, il grimpe alors sur le grand lit contre lequel est appuyé celui de sa petite sœur, et de là, il essaie de toutes ses forces de la soulever. Dans sa précipitation, il tombe à la renverse et les deux enfants roulent sur le plancher déjà fumant. Alors, le vaillant petit sauveteur, saisit par les vêtements sa petite sœur dont le poids est encore trop lourd pour ses faibles bras, et la traîne ainsi jusqu'à la porte de la maison. Au moment même où il arrivait sur la route, un craquement sinistre se faisait entendre, c'était la toiture entière qui s'effondrait dans la chambre dont il venait à peine de franchir le seuil. Quelques secondes d'hésitation de la part du petit Prosper auraient causé un effroyable malheur et les deux enfants auraient péri dans le brasier.

Fier de son exploit, les yeux rouges d'émotion, à demi suffoqué par la fumée, le courageux petit sauveteur serrait dans ses bras sa sœurette, pendant que les bravos éclataient parmi les voisins accourus de tous côtés, témoins émus de ce bel acte de dévouement, si remarquable de la part d'un bambin de six ans.

Au mois de septembre 1878, un terrible incendie désola pendant pendant trois jours et trois nuits, le petit hameau de la Ferrière, près d'Orange. Parmi les braves citoyens qui se dévouèrent courageusement pour combattre le fléau dévastateur, un jeune enfant de troupe du 111me régiment d'infanterie de ligne, Ferdinand Fabre, se fit remarquer entre tous par sa belle conduite et son infatigable dévouement.

« Ce jeune homme, dit le certificat qui lui fut délivré par le maire d'Orange, a fait l'admiration de tous les administrateurs appelés par le devoir, sur le théâtre du sinistre, et spécialement du lieutenant commandant la compagnie des. pompiers, M. Charles Desplans, de l'adjoint, M. Dugat, de M. le sous-préfet de l'arrondissement. »

Prévenu officiellement de la belle et noble conduite de son jeune enfant de troupe, le colonel Fischer commandant le 111ᵉ de ligne s'empressa de faire paraître l'ordre du jour suivant :

ORDRE DU RÉGIMENT

ACTE DE COURAGE
ET DE DÉVOUEMENT

D'après le rapport de M. le maire d'Orange, en date du 4 septembre courant,

Le sieur Fabre Ferdinand-Bertrand-Philippe, enfant de troupe au 111ᵉ de ligne, a, pendant trois jours consécutifs, montré beaucoup de courage et de dévouement dans un incendie qui s'était déclaré dans un hameau du territoire de la commune d'Orange.

Le colonel le félicite, et est heureux de porter à la connaissance du régiment la belle conduite de cet enfant.

Draguignan, le 17 septembre 1878

Le 4 juillet 1811, un incendie considérable avait éclaté à Pontoise. Le feu, s'étant rapidement propagé sous l'action d'un vent très violent, avait envahi rapidement quatre maisons que les efforts des habitants ne pou-

vaient malheureusement préserver d'une destruction
totale et qui durent être abandonnées bientôt comme part
du feu. Les habitants des maisons sinistrées, aidés des
voisins, avaient heureusement pu échapper à temps au
danger d'être consumés par les flammes. On s'était rapidement reconnu et compté pour savoir si personne ne
manquait à l'appel. Tout à coup un jeune homme d'une
quinzaine d'années, nommé Pierre Gohard, s'aperçoit
avec terreur que son grand-père, vieillard de soixante-treize
ans, infirme et aveugle, n'a pu être transporté de son
logement par les courageux citoyens qui avaient opéré le
sauvetage des autres personnes.

Aussitôt il se précipite dans la maison déjà embrasée
de la cave au grenier, brise à coups de poing les carreaux
d'une fenêtre fermée, et saute dans la chambre envahie
par les flammes, qui léchaient le fauteuil sur lequel le
vieillard était assis, fou de terreur, impuissant à se sous-
traire à l'horrible mort qui le menaçait.

L'enfant était trop faible pour se charger d'un tel fardeau, il le traîne néanmoins jusqu'à la fenêtre, où, par
un effort désespéré il réussit à le hisser jusqu'à la hauteur
de l'appui et à le descendre ensuite dans la cour, aux
applaudissements de tous les assistants!

Il y a quelques années, au mois de février 1897, un
jeune enfant de treize ans, Fernand Desprez, donnait à
tous ses concitoyens un rare exemple de sang-froid et de
courage pendant un accident causé par l'explosion d'un
bidon de pétrole.

Fernand Desprez était couché dans la modeste cabine
de la péniche le *Saint-Pierre*, amarrée au quai du port

du Pecq, lorsque, vers six heures du matin, il était brusquement éveillé par le bruit d'une violente explosion,
suivie de cris de détresse. En allumant une lampe, pour
préparer le repas du matin, sa mère venait de mettre le
feu à un bidon de pétrole qui avait éclaté.

En ouvrant les yeux, Fernand aperçoit avec effroi sa
mère se débattant au milieu des flammes qui consumaient
déjà ses vêtements. Il se précipite aussitôt près de la
pauvre femme, la pousse hors de la cabine, et, en moins
de temps qu'il ne faut pour vous le raconter, la jette à
l'eau et s'y précipite derrière elle pour la sauver du nouveau danger auquel il vient de l'exposer volontairement.
A peine a-t-il retiré sa mère de l'eau, que le courageux et
intelligent enfant revient à la cabine incendiée, et, sans
s'occuper des brûlures qu'il a déjà reçues, y pénètre hardiment pour arracher sa petite sœur menacée d'être dévo-
rée par les flammes dans sa couchette même.

Les secours organisés immédiatement eurent heureusement raison de l'incendie qui commençait à se propager, menaçant de consumer le bateau et son chargement.
Ce ne fut que lorsque tout danger fut écarté que le petit
Fernand consentit à aller dans une pharmacie, pour
recevoir les soins que nécessitaient des brûlures assez
graves qu'il avait reçues en opérant le sauvetage de sa
mère et de sa sœur.

Voilà bien, vous me l'avouerez, un enfant remarquable
entre tous par son esprit de dévouement. Il n'en était
pas, d'ailleurs, à son coup d'essai en fait d'actes élogieux
de ce genre, car Fernand Desprez était déjà titulaire
d'une mention honorable du Ministre de l'Intérieur, pour

avoir sauvé en 1894, à l'âge de dix ans, un de ses petits camarades qui était en danger de se noyer.

Si, au feu, nos garçons sont des petits hommes courageux, nos filles savent également se dévouer avec autant de bravoure et de présence d'esprit pour préserver la vie de leurs semblables. En voici deux exemples entre cent.

ELLE GRIMPE AU MILIEU DES FLAMMES

Le 24 juillet 1874, un violent incendie éclatait subitement dans les ateliers d'un fabricant de voitures, habitant à la barrière d'Enfer, à Paris. On sait que les fabricants de voitures emploient pour leur industrie des matières essentiellement inflammables et combustibles, huiles, vernis, essences diverses. La présence de ces ma-

tières explique qu'en quelques minutes à peine le
sinistre, trouvant un aliment facile, atteignit des propor-
tions considérables. La violence de l'incendie était telle
qu'il menaçait de s'étendre encore à plusieurs maisons
du quartier, avant même que les secours n'eussent le
temps d'arriver.

Cependant, ayant appris par les rumeurs apeurées de
la foule, que des enfants se trouvaient dans la maison
incendiée, une jeune fille de quatorze ans, Henriette
Beautris, n'écoutant que son courage, entre dans l'im-
meuble en flammes et réussit à ramener les trois petits
êtres à demi-morts de frayeur. A peine de retour dans la
rue, elle entend de nouveau raconter qu'un pauvre bébé
au berceau était encore resté au troisième étage de la
maison. Aussitôt, sans se laisser émouvoir par les conseils timorés des personnes qui l'entouraient, elle grimpe
au troisième, et, au milieu des flammes, au péril de sa
vie, elle réussit à sauver le pauvre petit enfant qu'elle
serre tendrement sur son cœur.

Ce n'est pas seulement aux enfants de son âge
qu'il importe de donner en exemple la courageuse et
noble conduite d'Henriette Beautris, mais bien aussi
aux hommes faits, car, dans la circonstance, elle fut la
seule parmi la foule des spectateurs de ce sinistre,
qui sut conserver son sang-froid et faire preuve de
virilité.

La jeune Claudia Berlande n'avait que treize ans,
quand elle se dévoua, elle aussi, avec la plus grande intrépidité, pour arracher à une mort affreuse son jeune
frère âgé de quatre ans.

Le feu s'était déclaré, dans la nuit du 24 juin 1877, dans la maison d'un nommé Berlande, boucher à Montbrison, dans le département de la Loire. Réveillé en sursaut par le crépitement des flammes, le boucher se sauva précipitamment avec sa femme et ses enfants, à l'aide d'une échelle appliquée contre une des fenêtres de leur appartement, oubliant dans leur affolement, dans une chambre du premier étage, contiguë au foyer de l'incendie, leur jeune garçon âgé de quatre ans.

A peine descendue dans la rue, l'aînée des enfants, Claudia appelle à grands cris son petit frère. Mais, ne recevant aucune réponse, elle s'élance sans hésiter dans la maison et arrive à grand'peine jusqu'à la chambre déjà pleine de flammes et de fumée. Après bien des dangers, sans perdre un seul instant son sang-froid et son courage, le corps déjà atteint de plusieurs brûlures, elle parvient néanmoins à saisir son petit frère que la fumée asphyxiait déjà et l'emporte évanoui dans la rue où elle vient tomber épuisée sous le poids de son précieux fardeau.

On est pénétré d'une sincère admiration quand on songe aux affreux dangers auxquels ces jeunes héroïnes se sont exposées volontairement pour se dévouer au salut et à la conservation de leurs semblables. La plume est impuissante à glorifier de tels actes de dévouement, et l'esprit reste frappé d'étonnement en présence de pareils exemples de courage et d'abnégation de soi-même.

CHAPITRE XII

Partout et dans toutes les circonstances même les plus périlleuses où il y aura du danger, partout vous trouverez de courageux enfants qui seront prêts à le braver et n'hésiteront pas à exposer leur frêle existence pour accomplir de grandes et nobles actions.

Enfants, qui courez follement à travers les rues sans faire attention aux chevaux et aux voitures, combien de fois ne vous êtes-vous pas imprudemment exposés à être écrasés, foulés aux pieds ; combien d'entre vous encore ont été victimes de votre imprudence et de votre étourderie. Cependant, bien souvent, pour vous arracher à la mort, quelques-uns de vos camarades, plus sages et plus réfléchis que vous, n'ont pas hésité à se précipiter à votre secours au risque de se faire écraser eux-mêmes par les chevaux sous les pieds desquels vous vous étiez exposés à tomber.

Un jour d'avril 1870, à Saint-Étienne, grande ville manufacturière du département de la Loire, le jeune Adolphe Blachon, âgé de treize ans, s'apercevant qu'une petite fille de trois ans qui s'est aventurée seule au milieu de la rue est exposée à être serrée, écrasée entre une voiture et un camion allant en sens inverse, se précipite à son secours. Il est assez heureux, le brave enfant, pour la saisir par le bras et l'écarter, au moment même où elle allait être renversée par les chevaux du lourd camion et jetée sous les roues de la voiture.

Le jeune enfant de troupe André-Charles Pinck, du 10ᵉ régiment d'artillerie, reçut une médaille d'honneur du Ministre de l'Intérieur pour avoir arrêté, au péril de ses jours, le 2 août 1875, à Rennes, un cheval emporté attelé à une voiture et qui avait déjà renversé plusieurs personnes.

Le 19 juin 1897, un autre enfant d'une dizaine d'années, François Jégu, du village de Saint-Alban, près de Saint-Brieuc, reçut une mention honorable pour l'acte de sauvetage suivant :

Il était quatre heures du soir, les enfants sortaient de l'école communale en gambadant, criant et se bousculant à qui mieux mieux. Toute cette petite foule turbulente remplissait la rue de ses ébats joyeux lorsque tout à coup on entend un grand bruit à l'extrémité de la rue où est bâtie l'école communale des filles et garçons. Un cheval emballé, qui avait désarçonné son cavalier, s'avance au triple galop et va certainement causer de grands malheurs parmi la foule de gamins surpris qui s'enfuient en poussant des cris de détresse. Soudain, le cheval emporté s'arrête en arrivant sur les premiers groupes d'enfants, il rue encore un peu violemment, se cabre, en essayant de reprendre sa course, mais ne tarde

pas à se calmer cependant. Que s'était-il donc passé ?
Un brave garçon, un petit héros, François Jégu, s'apercevant du danger que couraient ses petits camarades,
s'était précipité sans aucune hésitation à la tête du cheval,
et, rassemblant toutes ses forces, l'avait saisi par la bride
et avait eu assez de bonheur pour l'arrêter, non sans
avoir été traîné pendant une trentaine de mètres.

Le danger écarté, les jeunes enfants entourèrent leur
sauveteur qu'ils accompagnèrent de leurs acclamations
jusqu'à la demeure de ses parents. Quel triomphe et
quelle récompense pour François Jégu, que cette escorte
bruyante de petits camarades qui ne lui marchandaient
pas leurs ovations, soyez-en persuadés !

Vous avez tous entendu parler avec effroi, enfants, de
cette terrible et mortelle maladie qu'on appelle la rage.
Jusque vers la fin de notre XIXᵉ siècle, si fécond pourtant
en découvertes scientifiques, la médecine avait été
impuissante à guérir cette épouvantable affection, et les
malheureux qui étaient mordus par les chiens enragés
mouraient, le plus souvent, dans des douleurs atroces,
malgré les remèdes plus ou moins empiriques jusqu'alors
employés par les médecins et les pharmaciens.

Un bienfaiteur de l'humanité entière, M. Pasteur, un
de nos plus grands savants, découvrit à force de patientes
et longues recherches, le virus antirabique, dont les
injections dans le corps guérissaient les personnes
mordues par les animaux enragés et les préservaient, la
plupart du temps, de la mort atroce à laquelle elles
étaient autrefois presque toujours condamnées.

Le monde entier a rendu d'éclatants hommages au

savant bienfaiteur du genre humain, et la France l'a
glorieusement classé au nombre de ses enfants les plus
illustres. Pour propager ses méthodes dans le monde
médical, pour permettre à nos docteurs de donner maintenant des soins entendus aux personnes mordues par
les animaux enragés, en leur fournissant un virus antirabique soigneusement préparé, on a construit, dans la
rue Dutot, à Paris, un superbe hôpital qui porte le nom
d'Institut Pasteur.

Dans la cour de l'Institut, au milieu d'une pelouse
verte et fleurie, s'élève, sur un piédestal en granit, un
superbe groupe en bronze de l'artiste sculpteur Truffot.
Il représente un jeune garçon qui lutte contre un chien
qu'il assomme à coups de sabot. C'est l'image du berger
Jupilles, petit héros de quinze ans, dont le nom a été
rendu si populaire en France à cause de l'acte courageux
qu'il a modestement accompli. Jupilles fut, en outre, un
des premiers malades guéris de la rage, grâce à la savante
découverte du grand Pasteur.

Jean-Baptiste Jupilles était un pauvre petit berger
du village de Villers-Parlay, dans le département du
Jura.

Un jour, qu'étendu paresseusement sur l'herbe, il
regardait paître son paisible troupeau, il entendit tout
à coup des aboiements furieux suivis de cris d'épouvante
et de détresse. Se relevant aussitôt, il aperçut un gros
chien enragé qui attaquait furieusement des enfants
jouant dans la campagne, non loin de lui.

Armé seulement de son fouet, Jupilles se jette crânement au devant des pauvres victimes, se mettant entre

le chien et elles pour les protéger. L'animal tournant alors sa fureur contre le petit berger lui saisit brusquement la main gauche qu'il broie sous ses crocs baveux.

Alors se passa une lutte héroïque. Méprisant sa douleur, au lieu de chercher à se dégager pour fuir, en abandonnant les autres enfants aux fureurs du chien, Jupilles ouvre la gueule de l'animal avec sa main droite, retire sa main gauche à demi broyée par les crocs du chien, et parvient, non sans recevoir encore de nouvelles morsures, à lui lier le museau avec la lanière de son fouet. Puis, sans rien perdre de son courage et du sang-froid dont il vient de donner des preuves si éclatantes, avec une opiniâtreté inouïe dans cette lutte terrible, notre héros se déchausse d'un pied et assomme son dangereux adversaire à coups de sabot. Aussitôt l'animal tué, Jupilles, couvert de morsures pouvant mettre ses jours en danger, ramena au village les enfants tout tremblants, qu'il venait de sauver d'une aussi noble manière. On l'expédia à Paris, où il fut confié aux soins éclairés du grand Pasteur, et celui-ci eut la joie de sauver d'une mort affreuse ce jeune héros français.

Voilà pourquoi la statue du petit berger Jupilles orne les jardins de l'Institut Pasteur à Paris. L'enfant courageux, devenu homme, a été nommé concierge de l'établissement de la rue Dutot, et il peut, maintenant, contempler chaque jour le groupe impressionnant de Truffot représentant sa lutte, à quatorze ans, contre un dogue enragé.

Les loups sont des animaux aussi dangereux que les chiens enragés. Si ceux-ci nous donnent la mort en nous

ALORS SE PASSA UNE LUTTE HÉROÏQUE

inoculant le virus de la rage, les loups, eux, tuent leurs victimes et les dévorent ensuite. Ces animaux féroces causent tant de ravages dans nos campagnes, où ils sont aussi terribles aux êtres humains qu'aux troupeaux, qu'il y a, en France, toute une catégorie de chasseurs émérites qui, depuis plusieurs siècles, ont, comme fonctions spéciales, la périlleuse mission d'être chargés, dans chaque région, d'assurer la destruction de ces animaux carnassiers. Ce sont les lieutenants de louveterie. Dès qu'un loup est signalé quelque part, ils prennent leur bon fusil de chasse, découplent leurs chiens et vont l'attaquer hardiment dans son repaire. La lutte est souvent très dangereuse et sanglante, l'attaque du loup demandant du sang-froid, du courage et de l'adresse. Comment donc s'expliquer que, par simple esprit de dévouement, des enfants, eux aussi, aient osé parfois se mesurer avec de tels adversaires?

Et pourtant, oui, des enfants ont chassé des loups, non pas par amusement cynégétique, soyez-en persuadés, mais bien parce qu'ils voulaient se dévouer courageusement pour préserver quelque existence menacée, et je me rappelle, à ce sujet, une vieille histoire que l'on dit authentique, très vieille histoire, puisqu'elle se passa, m'a-t-on raconté dans mon enfance, pendant l'hiver de 1709, au temps du grand roi Louis XIV.

Dans les environs de Vitry, en Champagne, habitait un pauvre vigneron nommé Feronnier. Le soir, à la veillée, son petit garçon Jacquot, âgé de onze ans, ne se couchait jamais sans qu'il eût obtenu de son père le récit d'une de ces bonnes histoires de loups-garous et de

mauvaises bêtes féroces dont nos ancêtres étaient si
bien pourvus. Le brave enfant s'endormait souvent en
rêvant qu'il se battait contre des loups. Ce rêve devait
devenir un jour une réalité!

Or, un matin, vers sept heures, le père Feronnier était
sorti avec sa femme pour aller au bois mort. Jacquot
gardait à la maison une petite sœur encore au maillot.

Assis auprès de son lit, il la berçait en chantonnant,
quand tout à coup la porte entre-bâillée s'entr'ouvre et
laisse passage à un louveteau qui s'avance, la gueule
grande ouverte, vers le berceau où il a de suite flairé une
proie des plus appétisantes. Sans se laisser aucunement
envahir par la peur, Jacquot se lève, s'avance hardiment
vers l'animal, et fourre son bras, le poing fermé, dans la
gueule béante du louveteau. Alors, malgré tous les efforts
du loup, il l'accule contre une huche et ne lâche point
prise jusqu'à ce que l'animal, privé de respiration,
succombe enfin suffoqué.

Avec une énergie sans égale, l'enfant dut lutter longtemps ainsi; mais à peine son ennemi fut-il étendu
mort, qu'épuisé lui aussi par la lutte, le petit Jacquot
perdit connaissance et tomba évanoui sur le sol auprès
du louveteau.

Ranimé par ses parents qui ne pouvaient en croire
leurs yeux, la première pensée du jeune et vaillant héros
fut, dit-on, pour sa petite sœur au berceau.

Cette touchante histoire doit nous montrer que l'on est
toujours reconnaissant aux enfants pour le courage dont
ils ont su faire preuve en quelque circonstance que ce
soit, puisque les annales du Devoir ont religieusement

conservé, depuis trois cents ans, le souvenir du dévouement fraternel du jeune et modeste Jacquot Feronnier.

Voici une autre histoire un peu plus récente puisqu'elle
ne date que de cent ans. Le héros en est encore un petit
garçon de douze ans, Étienne Trouva.

Dans les premiers jours du mois de janvier 1800, un
loup féroce, chassé des bois par la faim, rendu furieux
par les privations imposées par un hiver des plus rigou-
reux, avait fait irruption en plein jour dans le village de
Saint-Maximin, dans l'Isère.

S'étant jeté sur une pauvre femme, il s'apprêtait à la
déchirer à belles dents quand un villageois accourt à
son secours. Le loup furieux se retourne contre son
agresseur et l'étrangle rapidement. Il se précipite ensuite
sur un jeune homme et va lui faire subir le même sort,
lorsque Étienne Trouva, qui s'est armé seulement d'une
serpette, s'élance pour le délivrer. Le loup, en se retour-
nant brusquement, lui laboure le front d'un coup de
dent. Bien qu'aveuglé par le sang, le courageux enfant
enfonce son poing gauche dans la gueule de l'animal, et,
de la main droite taillade vigoureusement son museau à
coups de serpette. Vaincu par l'enfant, le loup se dégagea
alors vivement, et se sauva en poussant des hurlements
de douleur. Deux coups de feu l'arrêtèrent heureusement
dans sa fuite, car des villageois avaient eu le temps de
s'armer de fusils pour accourir au secours des malheureux assaillis.

Le Ministre de l'Intérieur adressa quelque temps après
à Étienne Trouva une lettre officielle de satisfaction pour
sa belle et courageuse conduite.

Le préfet de l'Isère lui envoya également une gratification en argent pour avoir aidé à la destruction d'un animal nuisible et lui fit, en outre, cadeau d'une superbe montre, en récompense de son dévouement pendant la journée du 12 janvier 1800, dont les habitants de Saint-Maximin ont bien longtemps gardé le souvenir.

Il semblerait que, de ces sortes d'actes de dévouement, où l'adresse et l'agilité soient les qualités nécessaires et complémentaires du courage, les petites filles soient forcées de s'abstenir malgré elles. Ne le croyez pas, ici comme ailleurs, elles savent faire leur devoir. Et voici un exemple comme preuve de ce que j'avance.

Une jeune fille âgée de quinze ans, Marie Chapelier, a reçu une médaille d'honneur à elle décernée par le Ministre de l'Intérieur pour avoir, le 11 mars 1872, à Pont-sur-Madon, petite commune du département des Vosges, fait preuve d'un grand dévouement en se précipitant à la tête de chevaux emportés, attelés à une voiture dont le conducteur avait été culbuté de son siège et précipité sur la route.

Cette jeune fille, qui risque ainsi sa vie pour se jeter audacieusement à la tête d'un attelage emballé, ne mérite-t-elle pas, en effet, tous les éloges?

Mais, il est une chose remarquable, et que nous pensons avoir suffisamment démontrée le long des chapitres qui composent ce petit livre, c'est que, pour les actes de dévouement à l'humanité, les jeunes Françaises ne le cèdent en rien aux petits Français. N'ont-ils pas tous le même sang dans les veines? N'ont-ils pas été aux mêmes

enseignements de devoir et d'honneur, soit à l'école, soit
dans la famille?

ELLE SE PRÉCIPITA A LA TÊTE DES CHEVAUX EMPORTÉS.

Les mêmes sentiments qui agitent le cœur des unes,
font mouvoir les généreuses pensées des autres, et, de
cet ensemble de beaux exemples, de nobles et courageuses
actions, il ressort une auréole glorieuse qui couronne
avec éclat tous les rejetons de la jeunesse française!

HONNEUR AUX PETITS BRAVES

Quels commentaires ajouter, braves petits Français, et vous, vaillantes fillettes de France, à tous les beaux exemples que je viens de vous faire passer sous les yeux? Aucun assurément, car les hauts faits de vos petits camarades parlent suffisamment par eux-mêmes. Je n'ai qu'un seul regret à vous exprimer en terminant ces pages, c'est celui de n'avoir pu, malheureusement, citer tous ceux que j'avais réunis pour écrire ce modeste petit livre. J'espère, cependant, que les quelques beaux exemples que je vous ai exposés auront suffi pour faire battre sincè-rement, vos belles petites âmes.

Je suis persuadé, d'ailleurs, que j'ai semé le bon grain dans la bonne terre. N'êtes-vous pas tous courageux? n'avez-vous pas tous instinctivement, dans vos cœurs, la noble envie de bien faire, l'ardent espoir de vous distin-guer un jour dans la vie?

N'êtes-vous pas de la même race que cette brave famille française des Faivre dont je veux vous raconter encore l'admirable existence?

Je le dois même, mes petits amis, car mes récits

seraient incomplets, si je ne les couronnais par ceux de la magnanime carrière de deux remarquables modèles des sauveteurs français. Le père, dans sa longue existence, avait compté à son actif le sauvetage de cent trente-cinq personnes, et le fils, à l'âge de quatorze ans, avait déjà arraché onze victimes à la mort implacable qui les guettait.

A l'âge de dix ans, Simon Faivre sauve d'abord un de ses frères plus jeune que lui en le retirant, en plein hiver, de la rivière la Saône où il était en danger de se noyer. L'année suivante, et dans des circonstances presque identiques, il conserve encore à sa famille la précieuse existence d'un autre frère âgé de huit ans.

Toujours dans cette rivière profonde, qui devient pour ainsi dire le théâtre de ses exploits, il se jette à l'eau tout habillé pour sauver un soldat qui y était accidentellement tombé au cours de l'année 1833.

En 1845, il reçoit de l'autorité préfectorale sa première récompense officielle pour avoir, pendant un violent incendie, sauvé la vie à une pauvre femme veuve et à ses deux enfants. Puis, devant le désespoir de la malheureuse qui se lamentait en voyant son maigre mobilier sur le point de devenir la proie des flammes, il s'était mis à arracher de la maison embrasée les hardes et les quelques meubles qu'elle possédait. Faivre avait reçu comme récompense de sa courageuse conduite une somme d'argent. Eh bien, savez-vous le noble usage qu'il en fit, il alla généreusement la porter toute entière à la pauvre veuve plongée dans la misère.

Au mois de mars 1850, Simon Faivre faillit être vic-

time d'un nouveau dévouement à ses semblables. Voici
dans quelles circonstances :

Attiré par les cris de détresse qui partaient d'un bateau
monté par six mariniers, il se jette résolument dans
l'eau glacée et arrive près du frêle exquif qui menaçait
de couler bas par suite d'une voie d'eau qui s'était
déclarée au beau milieu de la rivière. Aucun de ces
hommes ne savait nager, il allait être impuissant à
les sauver tous. Un autre se serait découragé, mais
Faivre plonge à plusieurs reprises sous le bateau et
par des prodiges d'adresse, avec une énergie incroyable,
il parvient à aveugler la voie d'eau, et par son dévouement, empêche le bateau de couler et le ramène sur
la rive.

Il fut, à la suite de cet exploit, obligé de garder la
chambre pendant de longs mois. Il n'était pas complète-
ment guéri d'une fièvre qui le terrassait encore, lorsque
le 21 juin 1850, entendant des cris de détresse qui s'éle-
vaient du fond d'une écluse, il se précipite de ce côté
et aperçoit un brave curé, l'abbé Patriat, qui était tombé
à l'eau et venait de disparaître sous la nappe liquide.
Oubliant aussitôt ses propres souffrances, il vole à son
secours, plonge six fois pour atteindre le noyé, et, après
avoir subi une lutte au fond de l'eau, il est assez heureux pour le ramener à la surface et lui sauver la vie.

Deux mois après, Faivre est encore obligé de plonger
à huit reprises différentes pour retirer de la rivière un
postillon qui s'y débattait avec ses huit chevaux.

Je ne pourrais ici continuer à vous exposer ainsi
toute la longue série des sauvetages de Simon Faivre,

je veux, cependant, vous en raconter un où l'âme de ce
sauveteur déborde tout entière.

Notre héros était alors éclusier, chargé de la surveillance et de la direction de l'écluse de la Monnaie à Paris.
Un soir vers huit heures, le 19 février 1857, il s'aperçoit
qu'un homme vient de tomber accidentellement dans
l'écluse au fond de laquelle il a coulé. Il s'y jette aussitôt,
saisit le malheureux, le ramène à la surface de l'eau et
l'y soutient assez longtemps pour permettre à un sergent
de ville, attiré par ses cris, de leur porter secours à tous
deux. Faivre emporte alors le noyé évanoui dans son
logement, le couche sur son lit, le réchauffe, le ranime,
et, à force de soins, parvient à le rappeler à la vie.

Ayant appris que celui qu'il avait sauvé était un pauvre
père de famille sans ressources, il se met en campagne
pour lui trouver de l'ouvrage et ne se déclare satisfait
que lorsqu'il a réussi, à force de démarches, à obtenir
pour lui des moyens d'existence.

Les états de services de Simon Faivre se chiffrent par
le nombre de cent trente-cinq personnes qui lui doivent
la conservation de la vie. Il a exécuté trente et un sauvetages dans l'eau et vingt autres dans les incendies. Faivre
a été blessé dix fois en opérant ces actes de courage et
de dévouement, sans compter les graves maladies occa-
sionnées plusieurs fois par des refroidissements.

Aussi comptait-il sur sa poitrine six médailles d'argent
et d'or que le Gouvernement lui accorda. En 1850, il
reçut, comme une récompense méritée de sa noble carrière de sauveteur, la croix de chevalier de la Légion
d'honneur.

En 1858, à la suite de son sauvetage de l'écluse de la Monnaie, l'Académie Française lui décernait un prix Montyon.

Tel père, tel fils.

Amédée Faivre, à l'âge de quatorze ans, comptait déjà onze sauvetages à son actif. Il marchait à grands pas sur les traces de son père avec lequel il habitait dans la maisonnette de l'écluse de la Monnaie.

En 1862, notre jeune héros parvenait, à force de courage et d'énergie, à sauver la vie à huit enfants qui, passant près de l'écluse, y étaient accidentellement tombés. A quelques jours de là il s'élançait de nouveau tout habillé dans la Seine pour arracher à la mort une femme misérable qui s'était jetée à l'eau.

Ceux qui assistèrent quelque temps après à la distribution des prix du collège Chaptal, n'ont jamais oublié la belle cérémonie qui s'y passa.

Bien qu'Amédée Faivre, élève de ce collège, n'eût pas encore atteint l'âge requis pour pouvoir être l'objet d'une récompense honorifique, le Ministre de l'Intérieur, en raison de sa courageuse conduite, lui avait accordé la médaille de sauvetage. Au moment où il allait lui en faire la remise, sur la sollicitation du principal, ce fut le père Faivre lui-même qui, avec une bien visible émotion, accrocha la médaille d'honneur au ruban tricolore sur la noble poitrine de son cher enfant.

Je ne veux vous raconter encore, d'Amédée Faivre, qu'un seul acte de courage, il vaut la peine d'être retenu.

Un soir d'hiver, un patineur s'étant aventuré près du

pont, entre le grand et le petit lac du Bois de Boulogne, avait tout à coup disparu dans l'eau par un trou béant qui s'était formé dans la glace brisée. A ses cris de détresse, plusieurs patineurs accoururent bravement pour lui porter secours. Malheureusement, la glace était trop faible pour supporter un poids aussi considérable, elle se rompit aussitôt avec des craquements sinistres. La foule pousse des cris de terreur. Mais Amédée Faivre se trouve là fortuitement. Ce que personne n'ose faire, il va le tenter lui, ce héros fils de héros. Il plonge résolument dans l'eau glacée, et réussit à sauver deux personnes au prix des plus grands efforts. Au moment où il revient sur le bord du lac, il apprend qu'une troisième victime est encore sous la glace. Alors, ce brave, bien que grelottant déjà et presque sans forces, trouve assez d'énergie pour replonger de nouveau dans le trou et ramener le noyé évanoui.

Comme son père, Amédée Faivre faillit être victime de son dévouement. Il fut obligé de s'aliter en rentrant chez ses parents et fut en proie à une fièvre intense qui mit ses jours en danger. Le médecin appelé à lui donner des soins ayant eu à fournir un rapport sur son état de santé, y constatait que « son cou avait été, en quelque sorte, scié par les glaçons pendant les efforts qu'il avait faits pour sauver les noyés ».

Sur la poitrine d'Amédée Faivre s'étalait, en outre de ses nombreuses médailles de sauvetage, une décoration qui honore dans l'armée les plus modestes et les plus élevés en grade, les soldats et les maréchaux de France ou les généraux en chef : la médaille militaire.

En 1870, cet honnête citoyen, ce courageux sauveteur, avait su noblement faire son métier de soldat.

En lisant le récit de ces actes de courage et de dévouement, vous avez, chers lecteurs, aimables lectrices, crié bien souvent bravo! à vos petits camarades, et, dans vos cœurs généreux, naturellement remplis de tendresse pour le prochain, vous vous êtes certainement écriés en vous-mêmes : Que je voudrais avoir fait de si belles choses!

Ils vous appartiennent ces petits sauveteurs, ils sont des vôtres, vous pouvez en être fiers!

Faites donc le bien pour le bien, dévouez-vous à vos semblables, remplissez sans compter tous vos devoirs envers l'humanité; le dévouement et la charité sont de tout âge.

TABLE DES MATIÈRES

Tours, imp. Deslis Frères, 6, rue Gambetta.

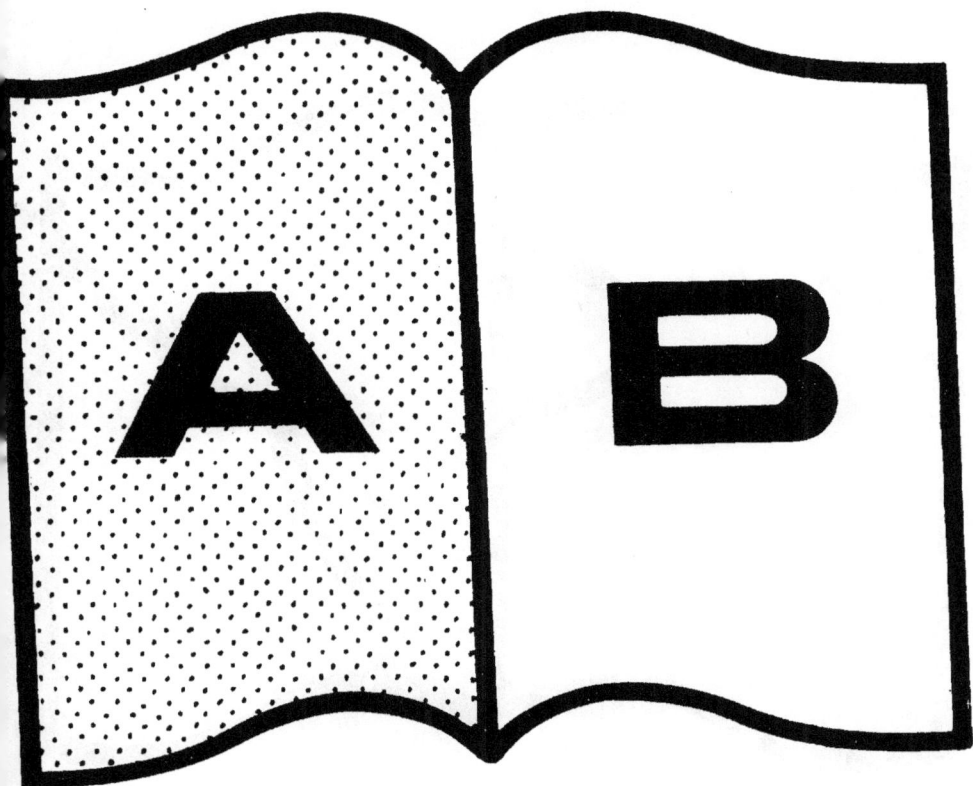

Contraste insuffisant

NF Z 43-120-14

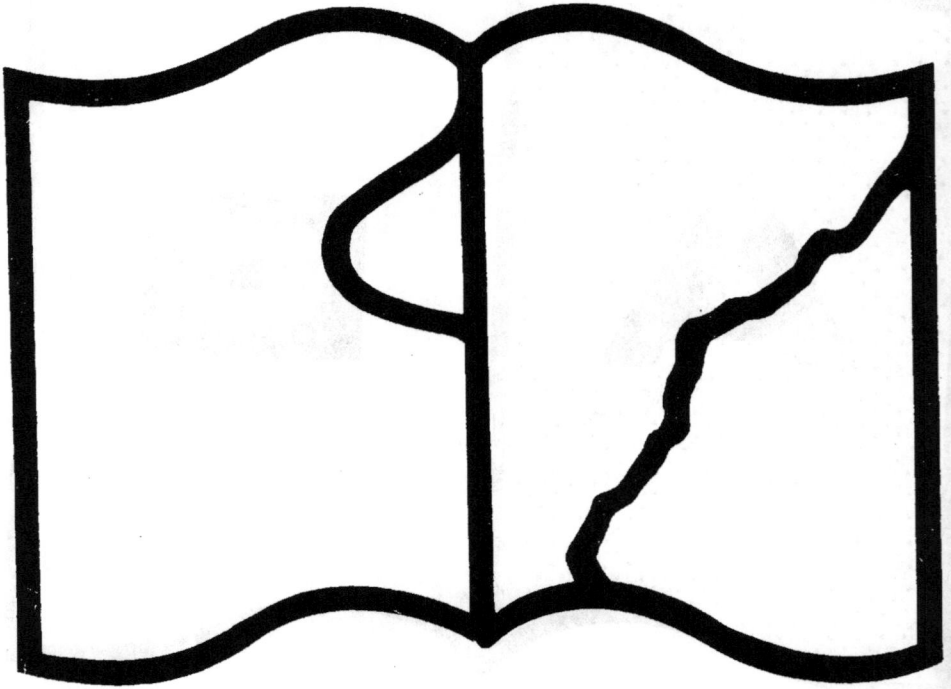

Texte détérioré — reliure défectueuse

NF Z 43-120-11

www.ingramcontent.com/pod-product-compliance
Lightning Source LLC
Chambersburg PA
CBHW052059090426
42739CB00010B/2250